토론하는
교실

토론하는 교실

초판 1쇄 발행 2009년 6월 10일 \초판 7쇄 발행 2016년 10월 25일
지은이 여희숙 \펴낸이 이영선 \편집 이사 강영선 \주간 김선정 \편집장 김문정
편집 임경훈 김종훈 하선정 유선 \디자인 정경아
마케팅 김일신 이호석 김연수 \관리 박정래 손미경 김동욱

펴낸곳 파란자전거 \출판등록 1999년 9월 17일(제406-2005-000048호)
주소 경기도 파주시 광인사길 217(파주출판도시) \전화 (031)955-7470 \팩스 (031)955-7469
홈페이지 www.paja.co.kr \이메일 booksea21@hanmail.net

© 2009, 여희숙
ISBN 978-89-89192-93-0 03370
값 9,500원

이 도서의 국립중앙도서관 출판예정도서목록(CIP)은 서지정보유통지원시스템 홈페이지(http://seoji.nl.go.kr)와 국가자료공동목록시스템(http://www.nl.go.kr/kolisnet)에서 이용하실 수 있습니다.(CIP제어번호: CIP2009001666)

파란자전거는 도서출판 서해문집의 어린이 책 브랜드입니다. 페달을 밟아야 똑바로 나아가는 자전거처럼 파란자전거는 어린이와 청소년이 혼자 힘으로도 바르게 설 수 있도록 도와줍니다.

여희숙 선생님의 **토론 지도 길잡이** ▼

토론하는 교실

우리 아이들,
토론 지도 어떻게 할까?

여희숙 지음

파란자전거

추천의 글

이야기 나누는 기술 배우고 익히러
함께 떠나보실까요?

저는 이 책을 읽으면서 먼저 '토론'을 쉬운 우리말로 무엇이라 하면 좋을까 생각해보았습니다. '생각 주고받기', '주장 이야기 나누기' 그렇게 적어보다가 '이야기 나누기'로 써봅니다. 그 까닭은 '대화'나 '인터뷰' 같은 말 대신 '마주 이야기'라는 말을 쓰면서, 어린 유치원 아이들도 이 말 뜻을 잘 알아듣고 '마주 이야기'를 잘하더란 얘기를 들었기 때문입니다.

마찬가지로 '토론'이라는 말도 '이야기 나누기'로 쓰면 초등학교 아이들한테도 쉽게 먹혀들 거라는 생각이 들어서, 말을 바꾸어 써보면 좋겠다 싶었습니다.

'이야기 나누기'라는 말을 제 맘대로 만들어낸 것은 아닙니다. 이 책

본문 중에 "아이들 독서 습관 형성은 열다섯 살이 넘으면 힘들다고 합니다. 무슨 일이든 그 일을 이루기에 적당한 때가 있는 것 같습니다. 아이들이 평생 간직해야 할 좋은 습관인 책읽기와 이야기 나누기, 너무 늦기 전에 마음과 힘을 모아야 하지 않을까요?" 하는 말이 나오는데, '토론'이란 낱말 대신 '이야기 나누기'란 낱말을 쓰고 있어서 이 말이 좋겠다고 맞장구쳐본 것입니다. '토론'이라는 말에 미리 겁먹지 말고 '이야기 나누기'로 쉽게 여기며 배우고 익혀보자는 뜻입니다.

요즘 '통신'이라는 말을 참 많이 사용합니다. 무슨 뜻일까요? 사람 말이 통한다는 겁니다. 옛날에는 꿈에도 생각하지 못했던 손전화기를 들고 다니면서 언제 어디서나 나누고 싶은 이야기를 말이나 쪽지 글로 주고받습니다. 어디 그뿐인가요. 누리그물(인터넷)을 온 누리에 쳐놓아서 사람끼리 나누는 이야기를 말이나 글 또는 움직이는 그림으로 주고받을 수 있게 해줍니다. 일부러 말없이 살아가는 사람도 있습니다만, 이런 특별한 경우에도 마음속으로는 누군가를 상대로 이야기를 나누고 있겠지요? 이처럼 사람들은 살아 있는 동안 누군가와 끊임없이 이야기를 나누며 살아갑니다. 그래서 이야기 나누기는 사람에게 한시도 떼놓을 수 없는 매우 중요한 일입니다.

사람이 제대로 이야기를 나누기만 한다면 틀림없이 생각이 깊어지고 마음이 넓어져서 하루하루 아름답고 평화스럽게 살아갈 수 있을 것입니다. 그러나 주위를 둘러보면 서로 제 주장만 내세우려 하지 남의 얘기는 귀 기울여 듣지 않고, 남의 주장이 옳더라도 받아들일 줄 모릅니다. 심지어는 화를 내고 서로 싸우기도 합니다. 그러다 마음이 상하여 괴로워합니다.

왜 이런 일이 일어나며, 어떻게 하면 이런 불행을 미리 막을 수 있을까요? 말이 잘 통하지 않아서 일어나는 일이니까 이제라도 이야기 나누는 기술을 배우고 익혀서, 서로 이야기를 제대로 나눌 줄 알게 해야 서로 마음 상할 일 없이 아름답고 평화롭게 살아갈 수 있지 않을까 싶습니다.

이 책은 이렇게 중요한 '이야기 나누기' 기술을 선생님과 학부모님이 아이들에게 가르칠 수 있도록 친절하게 도와주고 있습니다. 그런데 제가 안 해본 것이라고 밀쳐둘 일만은 아니라서, 자동차 운전 기술 익히기에 견주어 한 말씀 드립니다.

만약 자동차를 운전할 줄 안다면 자신이 가고 싶은 곳에 어느 때고 갈 수 있습니다. 버스나 기차 시간표에 상관없이 움직일 수 있어서 그만큼 자신의 활동 범위가 시간과 거리 제약을 덜 받게 되지요. 그러나 운전 면허증을 땄다고 해서 선뜻 큰길로 차를 몰지는 못합니다. 운전 학원에서 배우고 익힌 것만으로 큰길에서 자동차를 몰면 위험하니까요. 그렇다고 언제까지나 두려움에 떨고 있을 수만은 없으니, 알맞은 때와 장소를 찾아서 조금씩 꾸준히 연습을 해야 합니다. 그러다 보면 언젠가는 남들처럼 자동차를 몰고 다닐 수 있게 되거든요.

면허증을 따놓고도 큰길에서 운전하지 못하는 이웃에게 운전 연습을 도와준 적이 몇 번 있었습니다. 연습을 시작하면서 저는 이렇게 말해줍니다.

"자동차를 몬다는 것은 가야 할 때 가고, 멈추어야 할 때 멈추는 것입니다."

"사고는 가야 하는 데서 멈추거나, 멈추어야 할 때 가기 때문에 일어납니다."

"자, 연습을 해봅시다. 고개 숙이지 말고 앞을 보면서 기어를 넣고, 브레이크 발판에서 가속 발판으로 발을 옮기고 천천히 앞으로 가십시오."

"자, 저 앞에서 멈추어보십시오."

"잘했습니다."

한동안 이것만 되풀이하여 연습하게 합니다. 앞차가 멈추면 따라서 멈추고, 좁은 길에서는 맞은편 자동차가 지나갈 때까지 기다리며 천천히 가야 안전하다는 것도 일러줍니다.

자동차 운전은 멈추어야 할 때 멈출 줄 알고, 가야 할 때 가는 것, 그리고 속도를 벗어나지 않도록 마음을 조절할 줄 아는 것이 중요합니다. 때에 따라서는 상대방을 존중하며 기다릴 줄도 알아야 합니다. 자기 생각만 하고서 함부로 달리다가는 큰 사고가 나서, 자기뿐만 아니라 남까지 다치거나 죽게 할 수 있습니다.

이야기 나누는 기술을 배우고 익히는 것도 그 원리는 자동차 운전 기술을 배우고 익히는 것과 크게 다를 바가 없다고 봅니다. 조금씩 꾸준히 연습하다 보면 어느 사이에 이야기 나누는 기술에다 그것을 글로 정리하는 논술까지 자연스럽게 익힐 수 있게 되거든요. 거기에다 끊임없이 질문을 던지며 찾아낸 새로운 길을 책으로 펴내어 여러 사람들과 나누며 살아가시는 여희숙 선생님의 정성과 열정 또한 덤으로 얻게 될 것입니다.

자, 지금부터 이야기 나누는 기술을 배우고 익히러 함께 떠나보실까요?

거창 샛별초등학교 교장 주중식

머리말

토론을 만나면 수업이 즐겁다

2005년 《책 읽는 교실》이란 이름으로 제 책이 처음 나왔을 때, 과분하게도 현장에 계시는 많은 선생님들께서 큰 관심을 가져주셨습니다. 그 가운데 특히 토론 부분에 관해 많이들 궁금해하셨는데, 책의 내용만 봐서는 실제 토론을 학급에서 어떻게 지도해야 할지 잘 모르겠다는 질문을 많이 받았습니다. 저야 제가 실제로 해본 내용이니 머릿속으로 그림이 그려지지만, 처음 보시는 분들께는 당연히 어렵게 느껴질 수 있었을 것입니다.

그래서 강의를 하러 가면 토론에 대한 질문들이 쏟아졌는데, 아쉽게도 강의는 대개 한 번에 끝나버리는 것이라 속 시원히 설명해드리지 못해 늘 안타까웠습니다. 게다가 당시 저는 초등학교에서라면 토론보다는 '책 읽는 즐거움, 독서 습관이 먼저'라는 생각을 가지고 있었으니, 늘 제 강의의 중심은 책읽기에 있었습니다.

그러던 중 저는 운 좋게도 우리나라 최고의 선생님들과 함께하는 토론 수업에 동참할 기회를 얻게 되었습니다. 당시 저는 제가 배운 만큼 다른 선생님들께 돌려주고 싶은 마음은 컸지만, 저도 조금 먼저 시작해서 아주 조금 알고 있을 뿐이라 망설이고만 있었습니다. 그때 주중식 교장선생님께서 토론에 관한 글을 한번 써보라고 적극 권하셨습니다.

주위의 재촉을 받고 나니 마음이 급해졌습니다. 도서관이나 서점에만 가면 독서와 토론 관련 책들만 눈에 들어오더군요. 닥치는 대로 관련 책을 찾아 읽다 보니, 세상에는 참 훌륭한 선생님도 많고 멋진 교육 이론도 많다는 생각이 들었습니다.

문득 학교에서 아이들을 가르치던 때가 생각났습니다. 초임 시절 조금이라도 더 아이들에게 효과적인 방법으로 지도하기 위해 옆 반 선생님 수업을 까치발을 하고 들여다보던 일, 연수를 받고 책을 찾아 읽으며 알게 된 것들을 우리 반 학급 운영에 적용해보려고 애쓰던 일 등등. 물론 그 당시에도 수업을 하며 가장 많이 배운 사람은 교사인 제가 아닐까 싶습니다. 때로는 학급에서 먼저 해보고 난 뒤 뒤늦게 책을 읽다가 관련 이론을 발견하고는 가슴을 쓸어내리며 반성한 적도 있었습니다. 그럴 때마다 늘 중얼거리며 하는 말, "이걸 그때 알았더라면…."

그러던 것이 지금은 또 '학교에 있을 때는 정말 아무것도 모르고 그냥 해본 것이었구나!' 하는 부끄러움에 어딘가로 숨어버리고 싶은 마음이 들 때가 있습니다. 그럼에도 불구하고 또 이렇게 책을 쓰는 것은, 분명 나아가야 하지만 앞이 잘 보이지 않는 막막한 길을 갈 때는 저 멀리 빛나는 북극성도 필요하고, 반걸음 앞서서 손을 끌며 걸어가 주는 친구도 필요하지 않을까 하는 심정 때문입니다.

'아이들에게 생각하는 힘을 길러주려면 어떻게 해야 할까?'
이 책의 초점은 여기에 맞추어져 있습니다. 우리 아이들이 지도받고 평가받는다는 느낌 없이 재미있게 토론하며 지내다 보니 저절로 책 읽는 것도 즐거워지고, 자꾸 더 알고 싶어지고, 생각이 깊어지고, 글쓰기도 어렵지 않게 되고, 친구와 동생, 형과 언니를 이해하는 마음도 커져서 자신의 마음과 생각이 쑥쑥 자라고 있다는 느낌에 스스로 대견해지는 그런 공부를 하도록 격려해주고 싶었습니다.

선생님이나 독서 지도에 관심 있는 지도자들에게는 우리 아이들이 그런 공부를 할 때 어떻게 도와주면 좋을까 고민될 때 수업에 바로 활용하실 수 있도록 여기저기 흩어져 있는 자료들을 모으고 흐름을 정리해 보았습니다.

이 책의 제1부는 선생님들께서 토론 학습에 대해 궁금해하시던 부분을 나름대로 짚어보았습니다. 제2부는 토론을 잘하기 위해 먼저 알아야 할 기본 내용을, 제3부에서는 교실이나 집에서 토론을 지도하는 실제 내용을 순서대로 실었고, 마지막 제4부는 우리 반에서 했던 토론 수업 내용을 따라할 수 있도록 정리하였습니다.

가능하면 정확한 자료와 내용을 담으려고 노력하였으나 아직 많이 부족합니다. 이는 오로지 제 능력이 부족한 탓이니, 나머지는 선생님들께서 더 깊이 찾아보실 수 있도록 책 맨 마지막에 참고할 만한 책 목록을 실어놓았습니다. 그 책의 저자들께도 진심으로 감사를 전합니다. 또 앞서 낸 《책 읽는 교실》에 나온 이야기들과 중복된 부분이 다소 있어 그 책을 보신 분들께는 죄송한 마음입니다. 실제로 교실에서 했던 것들만 담다 보니 그리되고 말았습니다.

초등학교 저학년 아이들에게까지 논술·논리 교육을 중시하는 세태 속에서 마음은 급해지는데 방법을 몰라 걱정이 가득한 부모님들께는, 아이들의 생각의 폭을 깊고 넓게 하는 질문은 어떻게 하면 되는지, 토론과 논술 수업을 할 때는 어떻게 도와주면 되는지 자연스럽게 이야기를 나누는 가운데 알려드리고 싶었습니다.

안타깝게도 우리 주변에는 책 읽는 습관이 채 들지 않고 자료를 찾아 읽어도 내용을 이해 못하는 아이들이 참 많습니다. 게다가 옆에서 아이들을 도와주고 질문을 던져줄 어른이 많지 않은 것이 현실입니다.

그래도 제게 희망의 증거가 되어준 아이가 있습니다. 토론 수업을 시작한 첫해에 만난 그 아이는 당시 6학년이었는데도 불구하고 글을 잘 읽지도 쓰지도 못했습니다. 당연히 발표는 절대 하려 들지 않았고, 친구들도 그러려니 하며 포기한 아이였습니다. 이런 아이가 8회의 토론 수업과 글쓰기를 통해 몰라볼 정도로 발표력과 글쓰기 실력이 향상된 모습을 보여주었습니다.

같은 학년에서도 아이들의 능력에는 차이가 있습니다. 수업을 진행하면서도 혹시 뛰어난 사고력과 상상력, 탐구력에 발표력까지 갖춘 아이들 곁에서 그렇지 못한 아이들이 주눅 들고 실망과 좌절을 느끼지 않을까 늘 마음이 쓰였습니다. 그래서 우리 반에서는 아침마다 다 함께 "더 아름다운 내가 됩니다!"라는 구호를 외치곤 하였습니다. 어제보다 더 나은 오늘의 나, 어제보다 더 아름다워진 나를 보고, 내일은 더 아름다워질 나를 그려보자 하였습니다.

그래도 조심스럽기는 마찬가지입니다. 사실 제 솔직한 마음은 서울 강남 아이들부터 마라도 초등학교 아이들까지 모두 토론을 배울 수 있었으면 좋겠습니다. 누구라도 쉽게 배울 수 있으니 어서 배워서 더 깊이 보고 더 넓게 생각해서, 세상이 날마다 조금씩 더 평화로워지고 아름다워졌으면 좋겠습니다. 오로지 선생님들의 따뜻한 마음과 헌신에 기대어봅니다.

토론, 저는 이것을 아이들에게 가르치기 위해 배웠지만, 솔직히 고백하자면 아이들보다 제게 더 좋은 공부였습니다. 배우고 가르치는 동안 제겐 전과는 전혀 다른 세상이 열리는 느낌을 받았습니다.

토론! 이번 6학년 때 정말 토론을 제대로 배웠다. 찬반으로 편을 나눠 불꽃 튀는 토론을 하여 평가도 하고…. 우리 반 아이들을 보면 토론을 하기 전보다, 말하는 것이 눈에 띄게 논리적으로 바뀐 것 같다.
토론! 정말 즐겁다.

   수업을 함께한 한 아이의 글처럼, 더 많은 선생님과 부모님 그리고 아이들이 이런 즐거움을 누렸으면 좋겠습니다.

2009년 새로운 봄을 맞으며 여희숙

차례

| 추천의 글 | 이야기 나누는 기술 배우고 익히러 함께 떠나보실까요? · 5
| 머리말 | 토론을 만나면 수업이 즐겁다 · 10

제1부 처음 만나는 토론

토론, 왜 어려울까요? · 22

토론보다 더 어려운 토론 수업 · 25

토론, 왜 해야 할까요? · 28

토론 수업, 무엇부터 시작해야 할까요? · 32

선생님들은 어떤 준비를 해야 할까요? · 34

토론 수업, 어떻게 사람을 변화시킬까요? · 38

그래도 여전히 남는 고민과 걱정 · 42

제2부 토론 지도 잘하는 법

토론과 함께 크는 아이들 · 50

토론 잘하는 법을 소개합니다 · 53

설득력 있는 주장을 위한 6하 원칙 · 61

주장의 6하 원칙, 이렇게 응용하세요 · 83

생각하는 힘을 기르는 토론이 되려면? · 87

토론, 준비에서 마무리까지 · 99

토론의 형식과 종류 · 109

토론자들의 역할과 토론 전개 원칙 · 114

토론 학습의 모형 · 122

프로젝트 학습과 토론 · 127

아이들에게 생각하는
힘을 길러주려면 어떻게 해야 할까요?

이야기 나누는 기술 배우고 익히러
함께 떠나보실까요?

제3부 토론 지도의 실제

토론 수업, 이렇게 준비하세요 · 134

동기 유발, 어떻게 하면 좋을까요? · 145

토론에 임하는 멋진 자세 · 153

토론 마무리, 어떻게 하면 좋을까요? · 166

교실에서 토론하기 · 176

부모님과 함께하기 · 187

제4부 토론 수업 따라하기

토론 수업에도 기술이 필요해요 · 202

우리 이렇게 토론해요 · 207

후기 마음을 담은 이야기 · 248

부록 학급에서 토론하기 좋은 안건들 · 256

토론, 왜 어려울까요?

토론보다 더 어려운 토론 수업

토론, 왜 해야 할까요?

토론 수업, 무엇부터 시작해야 할까요?

선생님들은 어떤 준비를 해야 할까요?

토론 수업, 어떻게 사람을 변화시킬까요?

그래도 여전히 남는 고민과 걱정

제1부

처음 만나는 토론

"토론, 왜 어려울까요?"

'**독서 지도도** 어려운데 이제 토론에 논술까지?' 이런 생각이 드실지 모르겠습니다. 그러나 토론은 빠른 속도로 우리 생활 곳곳에 스며들고 있습니다. 방송에서는 거의 날마다 토론 프로그램을 편성하고 있고, 신문은 지상 토론에 많은 지면을 할애하고 있으며, 인터넷상에서도 모든 이슈마다 활발한 토론이 이루어지고 있습니다. 게다가 몇 년 전부터 대학 입시에서 논술고사의 중요성이 부각되면서, 많은 사람들이 논술을 잘하기 위한 방법으로서 토론에 관심을 기울이고 있습니다.

그런데 우리는 왜 토론을 공부해야 하는 것일까요? 또 아이들에게 토론을 가르치기 위해 이토록 애를 쓰는 이유는 무엇일까요? 토론하기를 좋아하는 사람들과 함께 살아가는 시대라서 그럴까요? 아니면 모여서 토론해야 할 안건들이 특별히 많은 시대이기 때문일까요?

물론 그런 측면도 있겠지만, 그보다는 아마 토론과 논술을 교육적으로 잘 지도하면 우리가 교육을 통해 얻고자 하는 목표를 보다 효과적으로 달성할 수 있다는 많은 사람들의 통찰 때문이 아닐까 생각합니다.

날이 갈수록 사람과 사람 간의, 또 단체와 단체 간의 의사소통이 어려워지고, 거기서 비롯되는 여러 가지 문제들이 사회적 논쟁거리가 되고 있습니다. 또 생각이 다른 사람들의 견해를 가장 직접적으로, 또 일상적으로 만나게 되는 언론 지면을 보면 답답하고 위태위태한 느낌이 들 때가 많습니다. 자신과 생각이나 입장이 다를 수도 있는 상대를 전혀 고려하지 않는 듯한 격한 논조와 거친 표현을 보면 특히 더 그렇습니다.

살다 보면 때때로 해결하기 어려운 문제나 의견 대립에 직면하게 되는 경우가 있습니다. 그럴 때 상대를 비난하거나 시시비비부터 가리려고 하기 전에, 먼저 합리적인 의견을 내놓고 생각을 전개하여 해결책을 함께 찾을 수 있도록 그 방법을 제대로 배우고 가르칠 수 있다면 얼마나 좋을까 생각해봅니다.

사실 아이들뿐만 아니라 어른들도 간단한 대화나 소통에서조차 서로를 배려한다는 게 결코 쉽지 않다는 사실을 잘 알고 있습니다. 심지어 마음과는 다른 말이 오가거나, 상대의 의도와는 달리 자신의 입장에서만 상황을 바라보고 이해하다가 결국 감정 대립으로까지 나아가기도 합니다.

생각이 다른 사람들끼리 모이면 몇 마디 말만 오가도 조금씩 대화가 거칠어지고 소리가 커지게 됩니다. 급기야는 말다툼으로 번져 본래의 의도와는 다른 상황이 벌어질 때도 있습니다. 그러다 보니 많은 사람들이 자신과 생각이 다른 사람과는 아예 대화를 피하거나, 겉으로만 상대방의 의견에 적당히 맞추어주는 척하며 그 상황을 넘기려고 합니다.

왜 그럴까요?

여러 가지 이유가 있겠지만, 우리에게는 합리적인 의사소통 형태인 토론을 제대로 가르치고 배운 경험이 별로 없다는 데 가장 큰 이유가 있지 않을까 생각합니다.

" 토론보다 더 어려운
토론 수업 "

60명 아이들과 생활하던 바로 그 교실에서 지금은 30명 아이들과 수업하는데도 지도가 어렵다고 하소연하는 선생님들을 자주 봅니다. 특히 쉬는 시간에는 그렇게 시끄럽게 떠들던 아이들이 대화와 토론을 위한 말하기 수업만 시작되면 모두 꿀 먹은 벙어리가 되어 수업을 진행하기가 무척 어렵다고 합니다. 아이들을 조용하게 만드는 가장 확실한 말이 "얘들아, 토론하자!" 라는 우스갯말이 있을 정도니까요. 이것은 학년이 높아질수록 더욱 두드러지는 현상이기도 합니다.

저학년 아이들은 할 말이 너무 많아서 중간에 그만하라고 정리를 해주어야 하는데, 고학년 아이들은 입을 굳게 다물어버려서 도저히 수업진행이 안 된다고 하지요. 기껏 분위기 만들어놓고 자유롭게 느낌을 이야기해보자고 하면 고작 이런 대답입니다.

"재미있었어요."

무엇이 재미있었느냐고 물으면,

"걍요."

"다요."

좀 더 깊이 생각해보자고 하거나 다르게 생각해보자고 하면,

"짜증나요."

"재미없어요."

"헐!"

그러다 보니 토론 주제를 가지고 생각 좀 해보자고 하면 바로 부정적인 반응이 나옵니다.

"이거 안 하면 안 돼요?"

"쟤하고 같은 생각인데요."

"그냥 쓰면 안 돼요?"

"생각하기 싫어요."

선생님들은 수행평가를 해야 할 때면 더 절망스러워진다고 합니다.

"쓸 게 없어요."

"그냥 저 C 주세요."

아이들의 반응이 왜 이럴까요?

가끔 저는 현장에서 근무하는 선생님들에게 그 이유를 물어보곤 하

는데, 그중 한 선생님의 대답이 아주 인상적이었습니다.

"아이들이 도무지 생각이 없는 거 같아요."

아이들의 말과 글을 보면 우리는 아이들의 생각이 어느 수준인지 충분히 짐작할 수 있습니다. 말과 글은 곧 '그 사람이 가지고 있는 생각'이라고 할 수 있으니까요. 생각 없이 그냥 툭 던지거나 내뱉는 수준의 대화, 의문만 제기해도 바로 화를 내며 공격적으로 대응하는 아이들의 생각은 깊이나 논리, 상대에 대한 배려와는 거리가 먼 상태라고 봐야겠지요. 이런 아이들이 논리적인 생각이나 설득력 있는 대화가 필요한 토론과 논술을 익힌다는 것은 얼마나 어려운 공부일까요?

" 토론,
왜 해야 할까요? "

토론을 하면 좋은 점이 너무 많아서 도무지 하지 않을 수가 없다면 어떨까요?

토론 하면 생각나는 영화가 있습니다. 〈12인의 성난 사람들(Twelve Angry Men)〉이라는 영화로 미국 배심원 제도를 다룬 법정 영화이자 이런 종류 영화의 정전(正典)으로 평가받는 고전인데, 거장 시드니 루멧의 연출에 헨리 폰다라는 명배우가 출연했습니다. 제목의 '12인'은 배심원 수를 나타내지요.

아버지를 살해한 혐의로 기소된 푸에르토리코계 18세 소년에 대한 재판 과정, 특히 배심원들의 토론 과정이 핵심 줄거리입니다. 오래 전 우연히 보게 된 이 영화에 푹 빠져서 밤을 잊은 기억이 지금도 새롭습니다. 모든 증거와 정황은 혐의를 받고 있는 소년에게 불리합니다. 12명의 배심원 가운데 단 한 사람 헨리 폰다만이 소년이 무죄라고 생각하고, 나머지 11명은 유죄를 확신하고 있습니다.

미국식 배심원 제도에서는 중죄 사건의 경우 배심원 전원의 만장일치로 유무죄를 가린다고 합니다. 그러니 헨리 폰다 때문에 나머지 11명의 배심원들이 화가 나게 됩니다. 빨리 끝낼 수 있는 사건이 단 한 사람 때문에 늘어지고 있으니까요. 반면 헨리 폰다는 다른 이유로 화가 났습니다. 이미 소년의 유죄를 '확정'해놓고 있는 여론, 그리고 사람들의 예단과 편견에 단단히 화가 난 것입니다.

법정에서는 지루한 공방이 계속되고, 검찰 측 증인으로 출석한 사람들은 하나같이 소년에게 불리한 진술을 합니다. 그럼에도 헨리 폰다는 유죄라고 평결하기에는 석연치 않은 점이 있다고 주장하며 한 명 한 명 설득해 나갑니다. 결국 그의 논리적인 설득에 배심원들의 편견이 하나씩 무너지고 마침내 소년은 무죄를 선고받습니다.

주인공의 논리적인 설득도 놀라웠지만 언제든 자신의 생각을 바꿀 수 있을 만큼 열려 있는 배심원들의 태도도 놀라웠습니다. 물론 영화 속 이야기이긴 하지만 우리에게는 상상하기도 힘든 그런 상황이 그들에게는 어떻게 가능했을까요? 이러한 의문은 많은 시간이 흐르고 토론에 대해 알게 되면서 비로소 풀리기 시작했습니다.

토론을 가르치고 배우면서 저는 아이들의 달라진 모습에 놀란 적이 많았습니다. 가장 큰 변화라면 상대방의 말에 진지하게 귀 기울이는 아이들의 모습, 즉 골똘하게 생각하는 아이들의 표정과 만날 수 있게 된 점이었습니다. 자신의 주장을 내세우되 조심스레 상대의 입장을 배려하여 의사를 표현하는 아이들을 만나게 되었으며, 다양한 입장을 고려할 줄 아는 아이들, 상대방의 설득에 자신의 생각을 바꿀 줄 아는 아이들, 질문이 많아지고 질문의 수준과 깊이가 달라진 아이들을 만나게 되더라는 것입니다. 단지 일주일에 한 번씩 토론하며 공부했을 뿐인데 말입니다.

'아, 이렇게 꾸준히 공부하면 누구나 그렇게 될 수 있겠구나. 바로 그 영화에서처럼.' 그런 생각이 저절로 들었습니다.

당시 저는 단지 아이들이 달라지는 모습을 보는 게 좋아서 토론에 더욱 몰입하게 되었던 것 같습니다. '왜 토론을 해야 하나?' 하는 의문을 갖기 이전에 '어떻게 하면 우리 아이들을, 학습 주제나 사회 현상에 대해 진지하게 고민하고 스스로 의문을 해결하기 위해 관련 정보와 지식을 찾아서 자신의 생각을 정립해가는 그런 아이들로 키울 수 있을까?'에 대해 고민하고 있었던 저는 토론 지도에서 그 답을 찾을 수 있었습니다. 물론 처음부터 완벽하게 결과에 만족했던 것은 아니었지만요.

토론 학습의 효과와 관련해 서울 초등토론교육연구회 김택신, 박순희 선생님의 의견을 정리해보았습니다.

- 토론의 주제를 일상에서 얻게 되며, 자신과 주위에 대한 민감성을 기를

수 있습니다.
- 토론은 비판적 사고, 논리적 사고, 합리적 사고력을 길러줍니다.
- 토론은 관찰력과 자료를 다루는 능력을 길러주고, 의사 결정 능력을 키워줍니다.
- 토론은 종합적인 언어 사고력 신장에 효과적입니다.
- 토론은 언어 사용을 바르게 하고 책임감을 길러줍니다.
- 토론은 다른 교과와의 통합을 용이하게 합니다.
- 토론은 주제에 따른 글쓰기에서 자기 언어로 정리하는 데 도움을 줍니다.
- 토론은 상대방의 입장을 존중하는 태도를 길러줍니다.
- 토론은 자료 수집 능력을 향상시켜줍니다.
- 토론은 학습과 일을 통한 친구관계 형성에 도움을 줍니다.

이런 좋은 장점들은 토론을 해보면 누구나 알게 되는 내용이지요. 무엇보다 누가 말하지 않아도 아이들이 먼저 재미를 느끼고 뿌듯해하니 어떻게 토론하지 않을 수 있을까요?

토론 수업, 무엇부터 시작해야 할까요?

토론식 수업이라고 하면 전혀 새로운 수업 방식 같지만, 사실 우리는 학교의 수업 상황에서 이미 이를 자주 사용해왔습니다. 선생님들은 교육 과정이나 아이들과의 생활에서 부딪히는 여러 문제 상황들 중에서 토론 가능한 내용을 선택하여 주제로 제시하고, 아이들이 자유롭게 의사를 표현하도록 분위기를 유도하여 활발한 토론으로 이끌기도 합니다.

아이들은 그러한 수업을 통하여 주제와 관련된 많은 것을 조사·탐구하는 기회를 갖게 되고, 또 생각의 폭을 넓혀가기도 합니다. 그러나 이러한 수업이 반드시 성공하는 것은 아닌 것 같습니다. 교사가 토론의 방법과 과정에 대한 계획을 잘 세우지 못하거나, 아이들이 토의·토론의 규칙과 기술을 제대로 익히지 못하면 오히려 강의식 수업보다 학습 효과가 떨어지게 됩니다.

  많은 수업 관찰자들의 보고에 따르면, 우리나라 수업에서 가장 많이 관찰되는 것은 아무런 절차도 제공되지 않는 '알아서 각 소집단끼리 토의·토론하기' 수업이며, 이 외에는 '대립 토론', '배심 토론(패널 토의)'이 많이 이루어진다고 합니다.

  아무런 절차나 뚜렷한 방법을 제공하지 않는 토의·토론은 산만한 잡담 수준에서 끝나버리는 경우가 많습니다. 또 활발하게 참여하는 일부 아이들을 제외한 대부분의 아이들이 학습에서 소외되는 문제를 낳게 됩니다. 그러다 보니 몇 번 시도해보다 포기하고, 그냥 선생님들이 설명하고 질의 응답하는 전통적인 일제 수업의 형태로 돌아가 버리는 경우가 많습니다.

  선생님들 중에도 솔직히 토의·토론 수업이 부담스럽다고 고백하는 분들이 계신데, 그 이유는 토론 수업이 말장난에 불과한 수준으로 진행될 때가 많을 뿐만 아니라 아이들이 시끄럽게 떠들어 정상적인 수업을 할 수 없기 때문이라고 합니다.

  그러므로 우리는 먼저 '어떻게 토론해야 하는가?'에 대한 구체적인 내용과 방법, 절차를 지도해야 합니다.

" 선생님들은
어떤 준비를 해야 할까요? "

교사의 가장 중요한 과제 중 하나는 자신이 가르치고 있는 학생을 돕는 일입니다. 이 과제는 그렇게 쉽지 않으며, 시간과 훈련과 열의와 건전한 지도 원리를 요구합니다.

학생은 독자적인 활동 경험을 가능하면 많이 해보는 것이 좋습니다. 그러나 적당한 도움을 주지 않고 혼자 문제를 풀게 내버려둔다면 학습의 진전을 기대하기 어렵습니다. 그렇다고 교사가 지나치게 많은 도움을 주게 되면 학생은 할 일이 거의 없게 됩니다. 따라서 교사는 학생들이 '적절한 몫의 활동'을 할 수 있도록 너무 지나치지도 모자라지도 않게 도움을 주는 것이 좋습니다.

학습 능력이 그다지 뛰어나지 않은 학생이라도 교사는 그 학생이 적어도 독자적인 활동을 하고 있다는 생각이 들도록 도와야 합니다. 그러기 위해서 교사는 학생을 신중하고 '조심스럽게' 도와야 합니다.

그러나 최선의 방법은 자연스럽게 학생을 돕는 것입니다. 교사는 학생의 입장에 서서 학생이 마음속으로 무엇을 생각하고 있는지 이해하려고 노력해야 하며, 질문을 하거나 '학생 자신에게 일어날 수도 있었던' 사고 단계를 지적해주는 것이 좋습니다.

《어떻게 문제를 풀 것인가?》라는 책에서 폴리아 교수는 교사가 해야 할 일 중 가장 중요한 일이 '학생 돕기'라고 했습니다. '자연스럽게', 그리고 '아이가 스스로 하고 있다고 느낄 수 있도록' 도울 준비가 되었다면 토론 수업도 그리 어렵지는 않겠지요.

이 책에서 선생님과 지도자들은 많은 책과 자료를 만나게 될 것입니다. 체크해두었다가 그때그때 필요한 항목을 보시길 권합니다.

제가 처음 토론 수업을 접하게 되었을 때는 구체적인 지침이나 도움을 받을 만한 책이 거의 전무한 상태였습니다. 당시 토론 지도를 해주던 김병원 박사님이 연수 시간에 나눠주시는 복사물을 옮겨 정리하며 제일 아쉬웠던 것은, 제 자신이 전체적인 흐름을 이해하는 큰 밑그림을 그릴 수 없다는 것이었습니다. 현재 이 수업이 어디로 가고 있는지, 이렇게 수업해서 어느 단계까지 갈 수 있는지 정확히 알 수가 없어 항상 답답했습니다. 매일 조금씩 배우는 것만으로도 따라가기 바빴던 그때는 사실 아무것도 모르고 무작정 따라하는 것에 불과했다는 사실을, 지나고 난 뒤에야 알았습니다. 지금 생각해보면 얼마나 부끄럽고 황당한지요. 그 뒤 박사님의 《생각의 충돌》이란 책이 나와 읽고 또 읽으며, 서늘해지는 가슴을 쓸어내린 기억이 아직도 선명합니다.

물론 지금도 부족한 부분이 많습니다. 그래도 책을 찾아 읽고 아이들과 토론 수업을 함께 해보면서, 이제는 1년 정도 학급에서 토론을 지도할 프로그램의 밑그림을 그려본 것 같습니다. 아니, 아주 기본적인 틀을 하나 마련했다고 하는 것이 맞을 것 같습니다.

이제는 선생님들께서 나름대로 그림을 그려 채워넣으셔야 하겠지요. 하지만 선생님들 가운데는 토론에 관심이 많고 탁월한 능력을 가진 선생님들을 중심으로 연수를 해야 효과가 있지 모든 선생님들에게 강요해서는 안 된다고 하시는 분도 계십니다. 안타깝지만 그런 생각을 가진 분들은 시간이 조금 더 흘러 스스로 불편함을 느끼게 되어야 비로소 그 문제를 해결할 수 있을 거라 생각합니다.

아이들의 토론이라고는 하지만 정확한 판정과 심사를 하기 위해서는 선생님들도 논리 속의 오류를 찾아낼 수 있는 안목을 길러야 합니다. 논리적이고 설득력 있는 주장이란 그만큼 오류를 최소화한 주장이라고 할 수 있으니까요. 그러기 위해서는 논리학뿐만 아니라 관련 책들을 찾아 거듭 읽어보시기를 권합니다.

박우현 박사님의 《논리를 모르면 웃을 수도 없다》라는 책이 있습니다. 쉽고 재미있게 쓰여 있어서 처음 토론을 접하는 분들께 많은 도움이 될 것 같습니다. 다른 사람들의 말과 글을 좀 더 분명히 이해하고 명료하게 파악하기 위해 우리는 논리를 배웁니다. 논리를 알고 보면 전에는 보이지 않던 것들이 보이고, 볼 수 없었던 것들이 나타나게 됩니다. 새로운 세상이 열리는 것이지요. '안다는 것'이 주는 즐거움이기도 합니다.

또 재미있는 토론 안건을 찾아내려면 아이들이 읽는 동화책도 열심히 읽어야 하고, 아이들의 생활 속에서 안건을 찾을 수 있도록 귀와 마음을 열어두어야겠지요. 아이들은 자기와 같은 생각이나 행동을 하는 선생님보다 자기 생각과 마음을 잘 헤아려주는 선생님을 더 가까이 느끼는 것 같습니다. 이해받고 존중받고 있다는 느낌 없이 이루어지는 수업은 우리 모두에게 고역이 아닐까 싶습니다.

토론 수업, 어떻게 사람을 변화시킬까요?

토론에 대한 이야기를 나눌 때면 빠지지 않고 나오는 질문이 있습니다. 토론을 위한 토론에서 자신이 맡은 역할에 충실하여 자신의 신념과 다른 주장을 펴다 보면 말과 행동이 다른 아이가 되지 않겠느냐는 걱정입니다. 특히 이 부분은 토론 학습과 우리 문화, 우리 정서에 매우 큰 걸림돌이 되는 것 같습니다. 그런데 정말 그럴까요?

힐러리는 자서전 《살아 있는 역사》에서 자신의 청소년 시절을 되돌아보며 다원주의와 상호 존중 그리고 상호 이해를 익히게 된 계기를 자세히 밝혀 놓았다. 힐러리는 자수성가한 백인을 아버지로 둔 자녀답게 강력한 공화당 지지자였다.

힐러리가 고등학생이던 1964년에는 대통령 선거가 있었는데 공화당 대통령 후보인 골드워트가 시카고 교외로 선거유세를 오자 아버지에게 데려가 달라고 졸랐을 정도였다. 정치교과를 가르쳤던 제럴드 베이커 선생이 이런 말을 들었던 모양이다. 수업시간에 대통령 후보 모의 토론회를 열기로 한 것이다. 그런데 베이커 선생은 심술궂은 장난을 쳤다.

학교에서 공화당 지지자로 호가 난 힐러리에게는 존슨 대통령 역할을 맡기고, 그 반에서 유일하게 민주당 지지자였던 엘렌에게는 골드워트 역을 하라고 한 것이다. 이 황당한 상황에 힐러리와 친구는 모욕감을 느끼고 교사에게 항의했다. 그러나 베이커 선생은 '역할을 바꾸면 상대방의 관점에서 문제를 볼 수밖에 없고 그러면 많은 것을 새롭게 깨닫게 될'거라며 설득했다.

비록 힐러리가 교사의 지시를 승복하기는 했지만, 그래서 도서관에서 민주당의 강령과 백악관 성명서 따위를 찾아보고, 민권과 의료보험, 빈곤 문제와 외교 정책에 대한 민주당과 존슨 대통령의 견해를 검토해보았지만, 거기에 투자하는 시간이 아까워 분통이 터질 지경이었다고 회고한다. 그러나 시간이 지나면서 힐러리는 자신의 변화를 느끼기 시작했다.

"나는 단순한 연극적 열정이 아니라 진정한 열정으로 민주당의 입장을 지지하고 있음을 깨달았다."는 것이다.

이때의 경험이 없었다면 힐러리가 민주당 출신의 클린턴 대통령의 부인이 될 리 없었을 터이고, 오늘에는 민주당에 당적을 둔 뉴욕 상원의원으로 대통령 선거에 나서게 될 리 없었을 것이다. 그렇다면 그 시절에 힐러리만 변화했을까. 카운터 파트너로 지목되었던 엘렌에게도 똑같은 일이 일어났다. 그녀는 민주당 지지자에서 공화당 지지자로 변신했다. 놀랍게도 힐러리와 그녀의 친구는 토론이라는 용광로를 거치기도 전에, 단지 토론을 준비하는 과정에서 정치적 입장의 변화를 겪게 되었던 것이다.

– 이권우 《무엇이 변화를 일으키는가?》에서

'토론이 어떻게 사람을 변화시키는가'를 생각해보게 하는 적절한 예가 아닐까 싶습니다. '내가 생각하는 것이 분명 옳다'고 하는 신념도 중요하지만 대화와 토론을 통해 그것이 바뀔 수도 있어야 합니다. 몰랐던 것을 알게 되고 상대의 입장을 고려한 폭넓은 생각이 가능해지면 우리 생각은 어느 순간 바뀌게 됩니다.

이런 일들이 생활 속에서 일어나게 될 때 우리는 더 이상 내 생각만 옳다고 고집을 피우는 것이 아니라 상대방의 의견에도 귀를 기울이게 되고, 그것이 일리가 있다면 자신을 변화시킬 수도 있게 되겠지요. 그 다음에 갖게 된 신념이라면 그전과는 폭과 깊이가 다른 진정 자신만의 가치관이 될 수 있지 않을까요?

다음은 간디의 책《마을이 세계를 구한다》에 실린 '독자에게' 당부하는 글입니다. 참고가 될 것 같아 여기에 소개합니다.

내 글을 부지런히 읽는 독자와 내 글에 관심을 갖고 있는 독자들에게 나는 일관성 있게 보이는 데에 전혀 관심이 없다는 것을 말하고 싶다. 진실을 추구하는 과정에서 나는 많은 생각들을 버렸고 많은 새로운 것들을 알게 되었다. 나이는 들었지만 나는 내면적인 성장을 그쳤다거나 육신이 다했을 때 나의 성장이 멈출 것이라고 느끼지 않는다. 내가 관심을 갖고 있는 것은 내가 나의 신(神)인 진리의 부름에 즉각 복종하는 것이고, 따라서 누구라도 나의 글들에서 불일치를 발견했을 때 내가 아직 제정신이라고 믿는다면, 같은 주제의 두 글 중에서 나중 것을 택하는 것이 현명한 일일 것이다.

1933년 4월 29일 M. K 간디

" 그래도 여전히 남는
고민과 걱정 "

책 읽지 않는 아이들, 불안한 부모들

대화와 토론이 잘 이루어지지 않고 상대방의 말을 제대로 듣게 하는 것조차 힘들다 보니, 차라리 아이들에게 듣기 교육을 따로 시켜야 한다는 주장이 설득력 있게 다가오기도 합니다. 그러고 보면 요즘은 진지한 자세로 남의 말에 귀 기울이는 사람을 만나기가 정말 쉽지 않은 것 같습니다.

어른 아이 할 것 없이 모두 많은 책을 읽고 있고 어린이책 시장 또한 엄청나게 커졌지만, 아이들과 함께하는 어른들의 말을 들어보면 "요즘 아이들은 정말 책을 읽지 않는다."며 걱정을 많이 합니다. 정말 그런가 하여 아이들이 좋아하고 즐겨 읽는 책들을 자세히 들여다보니 그 의견에 일리가 있다는 생각이 들기도 합니다.

책을 읽지 않으니 글을 읽고 해석하는 능력이 턱없이 모자라고, 이는 학습 부진으로 이어지며, 그것을 만회하기 위해 따로 독서 과외 지도를 받아야 한다고 합니다. 그리고 이제는 논술까지 걱정해야 합니다. 일기도 쓰기 싫어하는 아이들이 논술까지 해야 하니 부모님들의 불안은 이루 말할 수 없이 커집니다. 게다가 우리 부모님들도 이른바 논술 세대는 아니므로 걱정스러운 마음에 귀가 얇아질 수밖에 없습니다. 아이가 초등학교에 입학하자마자 '논술 학원에 보내야 하지 않을까?' 걱정하기 시작하고, 요즘은 유치원생 자녀를 둔 부모님들까지 "몇 살부터 논술을 시켜야 할까요?" 이런 난감한 질문들을 합니다.

사실 아이들도 정말 글쓰기를 싫어하는 것 같습니다. 학교에 있을 때 저는 아이들이 하는 말 중 가장 듣기 괴로웠던 말이 "또 써요?"였습니다. 얼굴을 잔뜩 찌푸리며 올려다보는 아이들의 표정은 정말 견디기 힘든 도전이었습니다.

곰곰이 생각해보면 말하기, 듣기, 읽기, 쓰기 어느 것 하나 만만한 것이 없었습니다. 아이들은 학년이 높아지면서 국어와 사회 과목이 가장 어렵고 괴롭다고 털어놓습니다. 뿐만 아니라 수학이나 과학도 문제를 이해하는 것이 우선인데 그것도 여의치 않은 아이들이 많습니다. 아이들과 함께하면서 늘 가졌던 저의 고민과 의문도 바로 이런 것들이었습니다.

- 어떻게 하면 생각하며 글을 읽게 될까?
- 어떻게 하면 생각을 잘하게 할 수 있을까?
- 듣는 사람을 배려한 말하기는 어떻게 길러지는 것일까?
- 말하기 싫어하고 독서력이 부족한 아이들은 또 어떻게 해야 할까?
- 자신의 생각을 말로 표현하거나 그 내용을 정리하여 글로 쓰는 경험이, 즐겁고 뿌듯한 일이 되게 할 수는 없을까?

  막막하고 답답한 마음으로 이런 질문만 계속하던 제게 뜻밖에도 토론을 배울 기회가 찾아왔습니다. 얼마나 좋았던지, 얼마나 가슴 설레며 배우고 익혔던지…. 10년도 더 지난 일인데 지금 생각해도 가슴이 뜁니다. 같은 재단의 대학인 포항공과대학에서 학생들에게 영어와 실용 논리를 강의하시던 김병원 박사님께 토론을 배울 수 있는 기회가 온 것입니다. 광양에서 토론을 공부하기 위해 주말마다, 그때는 5시간이나 걸리던 포항까지 직접 오시던 박보영 교감선생님(지금은 광양제철남초등학교 교장선생님입니다)께서 공부하시는 자리에 저도 합류해 배웠습니다. 토론 수업을 듣고 돌아와 우리 교실에서 아이들과 함께 해보고, 또 아이들이 쓴 글들을 읽으면서 그 놀라운 변화를 발견하고 기쁨으로 전율하던 기억이 새롭습니다.

  이 책에서 아이들에게 알려준 토론의 이론적 배경은 모두 그때 김병원 박사님께 배운 것이라고 할 수 있습니다. 배워가는 과정에서 조금씩 변화된 것도 있고 용어를 다르게 표현한 것도 있는데, 그것은 아이들에게 적용해보면서 가능하면 아이들이 더 흥미를 보이고 잘 받아들이는 것으로 하는 게 좋겠다는 제 나름대로의 판단에 따른 것입니다.

교실에서 아이들과 재미있게 토론을 하며 공부를 하다 보면 저절로 알게 되는 것이 있습니다. 토론의 주제와 관련된 지식을 스스로 찾아내고 읽어낸다는 것은 곧 독서 동기를 유발시키는 것이며, 이는 자연스럽게 아이들의 독서 습관으로 이어진다는 것을 말입니다. 또 아이들은 교사가 가르쳐준 방식이 아니라 자신의 방식대로 생각하고 표현하는 능력을 계발하게 되며, 비판적이고 창의적인 사고력은 덤으로 길러진다는 놀라운 사실도 발견하게 됩니다. 뿐만 아니라 토론을 하고 난 뒤 그 결과를 글로 정리해보았을 때 비로소 제대로 된 논술문이 된다는 것도 알게 되지요.

사실 이러한 경험 없이 논술문을 쓰게 한다면 깊게 생각하는 것을 싫어하고 독서력도 부족한 우리 아이들이 어떤 글을 쓰게 될지, 또 글 쓰는 것을 얼마나 큰 부담으로 느끼게 될지, 그래서 토론과 논술에 대한 구체적인 지도 방법도 경험도 없는 어른들이 아이들의 논술력을 기르기 위해 어떤 방법을 택하게 될지는 누구나 쉽게 짐작할 수 있을 것입니다.

물론 토론을 한다고 해서 이 모든 문제가 한꺼번에 다 해결될 수 있는 것은 아니겠지요. 여전히 학습 수준과 흥미가 다른 아이들이 있고, 아무리 해도 입을 꾹 다물고 꿈쩍도 하지 않는 아이들이 있으며, 학원에 가야 한다고 모임에 빠지고 또 숙제를 하느라 토론 준비에 소홀하고 대충 해오는 아이들도 있겠지만, 그럼에도 토론은 지금까지 해온 다른 어떤 학습 방법보다 아이들이 좋아하고 스스로 하고 싶어 하는 것 중 하나라 할 수 있습니다.

다음은 토론의 재미를 새롭게 발견하게 된 한 아이의 글입니다.

토론 공부는 6학년이 되어 처음 해본 독특한 공부였다. 처음엔 말도 안 되게 써서 창피하였지만 자꾸 하면서 재미도 붙이게 되었고 토론이 "이런 거구나" 하며 조금씩 배워나갔다.
국어 공책을 보면 온통 토론 공부한 흔적이다. 토론이 이렇게 재미있는 것이라는 걸 알게 되어 좋다. 아쉬움이 있다면 방학 동안 가족끼리 토론을 하고 싶었는데 못했다는 것이다.
토론에 대해 잘 모르는 동생을 위해 조금씩 가르쳐주고는 있지만 설명하기가 정말 어렵다. 내 동생도 6학년 때 우리 선생님 반에 간다면 얼마나 좋을까….

따끈한 독서로 시작하는 토론 첫걸음

논술에 대한 부모님들의 고민이 날마다 깊어지고, 그 대상이 되는 아이들의 나이는 점점 어려지고 있습니다. 열 살 남짓한 아이에게 논리, 논술, 토론 이런 이야기를 해본들 무슨 의미가 있다는 것인지…. 그 나이라면 차라리 자기가 좋아하는 책, 재미있어하는 책을 맘껏 읽도록 하는 것이 낫지 않을까요? 부모님의 은근한 강요나 선생님들의 깐깐한 독서 지도가 아니라, 자유롭고 편안하고 따뜻한 공간에서 좋은 책과 느긋하게 만날 수 있게 하는 것, 그래서 단 한 권이라도 마음으로 책과 친해지게 하는 것, 그것이 우선되어야 하지 않을까요?

학교에서 토론 지도를 해보면 말을 잘 못하거나 수줍음이 많아 문제가 되는 것이 아니라, 자유롭고 창의적인 생각을 못하거나 부족한 것이 오히려 문제인 경우를 자주 발견하게 됩니다. 쉽고 재미있는 책에서 시작하여 자신이 좋아하는 다양한 종류의 책을 읽으며, 마음이 맑아지고 생각이 가지런해지는 글을 만나 밑줄도 죽 그어보고, 마음이 아파 가슴이 먹먹해지는 책, 두 손을 불끈 쥐고 벌떡 일어서게 하는 책, 읽다가 눈물 나서 결국 덮어두고 마는 책, 읽다가 혼자 배꼽이 빠지게 웃기도 하는 그런 책읽기에 푹 빠져보는 것이 선행되어야 합니다. 그런 경험을 통해 길러지는 감수성과 통찰력 없이 토론이나 논술을 훈련하는 것은 결코 가능하지도 않고, 또 해서도 안 된다고 생각합니다.

토론과 함께 크는 아이들

토론 잘하는 법을 소개합니다

설득력 있는 주장을 위한 6하 원칙

주장의 6하 원칙, 이렇게 응용하세요

생각하는 힘을 기르는 토론이 되려면?

토론, 준비에서 마무리까지

토론의 형식과 종류

토론자들의 역할과 토론 전개 원칙

토론 학습의 모형

프로젝트 학습과 토론

제2부

토론 지도
잘하는 법

" 토론과
함께 크는 아이들 "

아이들에게 독서 지도를 해보신 분들은 아실 겁니다. 모두 그런 것은 아니지만 많은 책을 읽고 날마다 글을 쓰는 우리 아이들의 생각이 그만큼 논리적이거나 폭과 깊이가 있는 것은 아니라는 사실을요.

특히 토의·토론 학습을 하려고 하거나 자신의 주장을 밝히는 글을 쓸 때는 더욱 자신 없어 하고 힘들어하는 것을 보게 됩니다. 늘 고만고만한 종류의 비슷한 자료를 준비해 요점 정리하는 수준에서 의견을 내고 발표하는 학습에 머물고 맙니다. 또 자신의 생각을 밝혀보라고 하면 틀에 박힌 논조의 주장을 나열하거나 되풀이하여 누구나 아는 식상한 주장에 그치고 맙니다.

생각하는 힘이 부족하니 당연한 결과인데도 안타까운 마음은 어쩔 수가 없습니다. 그렇다면 우리 아이들은 어떤 생각을 어떻게 하며 살고 있을까요?

　아이들의 생활과 공부하는 모습을 가만히 들여다보면 사실 충분히 짐작할 수 있습니다. 정답을 찾는 것이 중요한 학교 공부만 해도 그 양이 너무 많은데 선행 학습에 학원 공부까지 해야 하고, 이제는 독서까지 의무적으로 해야 하는 아이들에게 깊고 넓게 생각하고 탐구하는 모습을 기대하는 것은 어쩌면 무리겠지요.

　그렇다면 어떻게 해야 우리 아이들이 스스로 책을 찾아 읽고, 넓고 깊게 생각하며 탐구하는 힘을 가진 아이들로 자라게 될까요?

　저는 토론 지도에서 그 답을 찾을 수 있었습니다. 평소처럼 교실에서 친구들과 재미있게 토론을 하며 놀았을 뿐인데도 아이들은 학습 주제와 관련된 지식을 스스로 찾아내고 정리하게 되었으며, 선생님에게 배운 방식이 아니라 자기 방식대로 의사를 결정하고 표현하게 된 것입니다. 게다가 가르치기에 참 모호하고 어렵게 여겨지던 비판적 사고력이나 반성적 사고, 창의력까지 저절로 쑥쑥 자라는 것을 보면서 정말 기뻤습니다. 그리고 무엇보다 '아이들이 책 좀 읽었으면…' 하는 생각을 하지 않게 되어 좋았습니다. 아이들이 스스로 책을 찾아 읽게 되었고, 오히려 어떤 책을 어떻게 읽어야 하는지 먼저 물어오기 시작했으니까요. 더 많은 책과 참고 자료를 찾기 위해 시키지 않아도 도서관으로 달려가는 아이들을 보는 기쁨이란.

　토론이란 과연 무엇인가에 대해서는 책마다 학자들마다 조금씩 다른 다양한 정의들을 내리고 있었습니다. 선생님께서 아이들에게 쉽게 설명해줄 수 있도록 그것을 쉽게 풀어서 정리해보면 다음과 같습니다.

토론이란 토론이 가능한 '하나의 문제'를 두고 찬성하는 생각과 반대하는 생각을 가진 사람들이, 동등한 의견 진술의 기회를 가지고 관련된 정보와 지식을 체계적으로 정리한 뒤 설득력 있는 논조로 자신의 주장을 펼쳐서, 나와 생각이 다른 사람의 마음을 움직이기 위해 하는 것이다. 궁극적으로는 나의 견해에 동의하도록 하는 데 그 목적이 있다.

그러면 이제 우리는 다음 질문을 던지게 됩니다. 어떻게 하면 설득력 있는 논조로 자신의 주장을 펼쳐서 다른 사람의 생각을 변화시킬 수 있을까, 즉 토론을 잘할 수 있을까요?

" 토론 잘하는 법을 소개합니다 "

우선 토론하는 방법을 제대로 가르치고 배워보았으면 좋겠습니다. 무슨 일이든 제대로 된 절차와 방법을 알고 꾸준히 연습하면 누구나 어느 정도까지는 잘할 수 있습니다. 토론 역시 구체적인 지침과 방법이 있다면 더욱 효과적이겠지요.

그런데 우리가 모르고 있었을 뿐이지 누구나 쉽게 배울 수 있고 언제 어디서나 응용이 가능한 토론 학습 지도 방법이 있었습니다. 게다가 별로 어렵지도 않아서 초등학교 고학년 정도면 훌륭하게 익히고 즐길 수 있습니다. 간단히 요약해보면 다음과 같습니다.

- 토론을 위해 먼저 자기 주장을 준비하는 방법을 알고
- 토론의 규칙과 절차를 배우고 익혀

• 직접 토론해보기

토론 전 이것만은 꼭!

토론하기 전에 먼저 꼭 알아두어야 할 것이 있습니다. 그것은 '토론은 반드시 토론할 준비가 되어 있는 사람과 하라'는 것입니다.

그렇다면 토론을 하는 데 무슨 특별한 준비가 필요할까요? 토론할 준비가 되어 있는 사람과 그렇지 않은 사람은 뭐가 다른 것일까요?

논쟁과 토론에서 이기는 38가지 토론의 법칙으로 유명한 쇼펜하우어는 그의 책에서 아리스토텔레스의 〈토피카〉를 인용하여 이렇게 말하고 있습니다.

> 닥치는 대로 아무하고나 토론을 벌여서는 안 되며, 자신이 잘 알고 있고 결코 이치에 맞지 않는 주장을 하지 않으며 어쩔 수 없이 그랬을 경우 매우 창피하게 여길 만큼 충분히 이성적인 사람하고만 토론을 해야 한다. 그리고 권위로 내리누르지 않고 근거를 가지고 논쟁을 벌이며, 상대방의 합리적인 근거에 대해서는 귀를 기울이고 그것에 동의할 수 있는 사람, 진리를 높이 평가하고 상대의 입에서 나온 것이라 할지라도 정당한 근거에 대해서는 기꺼이 받아들이는 공평무사한 사람, 마지막으로 상대방의 주장이 진리라는 판단이 서면 기꺼이 자기 주장의 부당함을 인정하는 고통을 참을 수 있는 사람하고만 토론을 벌여야 한다.

여기서부터 나오는 결론은, 우리와 토론을 벌일 만한 가치가 있는 사람은 백 명 중에 한 명도 안 된다는 것이다.

토론에 대한 강의를 하다 보면 외국에서 살다 온 학부모님들이 특히 눈을 반짝이며 상담을 해옵니다. 토론하며 공부하는 것에 익숙한 자기 아이가 학교에서 친구들과 대화할 때나 수업 시간에 왜 그렇게 되는 것인지, 어떤 근거에서 그런 답이 나오게 된 것인지 이것저것 자꾸 질문을 하면 결국 '귀찮은 아이', '따지는 아이'로 여겨지거나 '왕따를 당하는 아이'가 되어서 걱정이라는 것이지요.

질문이나 다른 생각이 허용되지 않는 빡빡한 수업, 교과서 진도를 걱정하며 앞으로만 나아가는 수업이 계속된다면 우리 아이들은 더 이상 왜 그렇게 되는지 질문하지 않게 됩니다. 뿐만 아니라 합리적인 근거가 뒷받침되는 결론인지를 따져보는 생각은 하지 않게 되지요. 이러한 습관은 평소의 생각이나 주장에도 마찬가지로 영향을 끼칠 것입니다. 자신의 주장이나 생각이 과연 합리적인 근거를 가지고 있는 것인지, 왜 그런 결론을 내게 되었는지 스스로 진지하게 되묻거나 탐구하지 않게 되고 맙니다.

토론 수업을 하기 전에 아이들에게 먼저 강조해두어야 할 것이 바로 이 점이라고 생각합니다. 자기가 하는 주장이든 남이 하는 주장이든 무조건 받아들이거나 무조건 반대하기 전에 왜 그렇게 되는지 근거를 물어야 하고, 또 다른 사람의 견해와 견주어보아야 하며, 언제라도 자신의 생각이 틀릴 수도 있다는 열린 생각을 가지고 있어야 합니다. 만약 자신의 생각이 틀렸다고 판단되거나 상대방의 주장보다 부족하다고 느껴지면 기꺼이 자신의 생각을 바꿀 준비가 되어 있어야 한다는 것이지요. 이것을 서울대 이병민 교수는 '타인에게 설득당할 자세를 갖추는 것'이라 하였습니다. 저는 이것을 다른 말로 '토론할 준비가 된 사람'이라고 말하고 싶습니다.

만약 상대가 무슨 말을 하더라도 귀를 닫아버리고 기존의 생각을 돌아보거나 바꿀 의사가 없는 사람이라면 아무리 설득력 있는 사람이라도 어쩌지 못할 것입니다. 그럴 때 토론이란 것은 이미 의미가 없어지고 말 것입니다. 그러므로 저는 무엇보다 먼저 토론하기 전에 이 문제에 대한 공감대가 형성되어 있어야 한다고 생각합니다.

이와 관련하여 아이들이나 처음 토론을 대하는 어른들, 토론 참여자들에게 읽어주었을 때 모두가 웃으며 고개를 끄덕이던 내용이 있어 여기 소개합니다.

| 논리적인 생각을 가진 사람 |

- 개인적인 감정을 억제하고 많은 사람들이 동의할 합리적인 이유를 찾으려고 노력한다.
- 자신이 가지고 있는 첫인상과 그동안 가지고 있던 생각이 선입견과 편

견이 아닌지 의심해본다.
- 자신의 생각이 틀릴 수 있다는 것을 인정하고, 그것이 그럴듯한 이유로서 가치가 있는지 묻는 것을 게을리하지 않는다.
- 다른 사람의 생각이 자신의 생각과 다르다고 해도 주의 깊게 들으며, 그것과 비교해서 자신의 생각이 잘못임이 드러나면 자신의 생각을 바꾼다.
- 복잡하고 이해하기 힘든 주장도 명확하게 이해하려고 노력하며, 그 주장이 어떤 근거에서 주장될 수 있는지 따져본다.

| 비논리적인 생각을 가진 사람 |
- 자신의 감정에 따라 충동적으로 생각하고 행동하는 경향이 있다.
- 자신의 첫인상과 생각을 의심해보려고 하지 않고 그것에 따라 판단한다.
- 자신의 생각이 틀릴 수도 있다는 것을 인정하지 않으며, 그것들이 적합한 이유가 될 수 있는지 따져보지 않는다.
- 다른 사람의 의견에 귀를 기울이지 않고, 다른 사람의 생각과 자신의 생각을 비교·검토하려 하지 않는다.
- 복잡하고 이해하기 어려운 말을 이해하려고 노력하지 않으며, 쉽게 믿거나 거부한다.

최훈 교수는 《논리는 나의 힘》이라는 책에서 논리적인 사람과 비논리적인 사람을 위와 같이 구분해놓았습니다. 우리에게 토론이 어려운 이유는 이런 비논리적인 생각을 가진 사람이 논리적인 생각을 가진 사람보다 더 많아서일지도 모르겠습니다. 그러나 한 가지 희망적인 것은, 이런 내용을 읽어주었을 때 진지하게 자신을 돌아보고 공감하는 사람들이 아주 많았다는 사실입니다. 단지 깊이 알지 못했거나 미처 생각하지 못하고 있었다는 솔직한 표현과 함께.

아이들이나 학습자들에게 이런 분류를 읽어주거나 설명해주고 난 뒤 자신을 돌아보게 하는 것도 중요한 학습 동기 유발이 될 수 있었습니다. 그리고 우리는 논리적인 생각을 가진 사람과 토론해야 하며, 우리 또한 논리적인 사람이 되려는 마음가짐을 가져야 함을 강조해두었습니다. 그렇게 했더니 아이들이 수업에 참여하는 자세가 조금은 달라지는 것을 느낄 수 있었습니다.

그러나 우리 모두 어느 정도는 비논리적인 성향을 가지고 있으며 아이들 또한 마찬가지인 것 같습니다. 그러므로 이렇게 비논리적으로 생각하는 사람들이 원칙에 따라 생각하고 그 생각을 말이나 글로 표현하는 경험을 함으로써 비로소 논리적인 생각을 할 수 있도록 하는 것, 그것이 현실적으로 가능할 수 있도록 토론의 장을 마련하는 것이 우리 학교나 도서관이 해야 할 중요한 일이 아닐까 생각해봅니다.

토론을 위한 주장 정리, 어떻게 할까요?

토론에 참가하려면 우리는 무엇보다 먼저 자신의 생각을 논리적이고 설득력 있는 주장으로 정리하는 방법을 가르치고 배워야 할 것입니다. 지금까지 우리는 일반적으로 토론을 할 때 논리적이고 설득력 있는 주장을 펴야 한다고 하면서도, 어떤 주장이 논리적이고 설득력 있는 주장인지 그 뜻을 분명히 가르치고 배우지는 못했던 것 같습니다. 이럴 때 만약 논리적이고 설득력 있는 주장의 원칙이 있어 그대로 따라할 수 있다면 얼마나 좋을까요?

토론이라고 하면 처음에는 시큰둥해하던 아이들도 이 기준과 원칙을 말해주면 눈을 크게 뜨고 자세를 바로 하게 되는 것을 자주 보았습니다. 그럼, 이제 아이들 눈을 빛나게 만든 '논리적이고 설득력 있는 주장으로 만드는 6가지 원칙'에 대해 알아볼까요?

❶ 평소 토론 가능한 주제의 안건에 대해
❷ 자신의 결론을 내리고, 그 결론에 이르게 된
❸ 이유를 찾아 그것을 제시하고,
❹ 이유의 옳음을 설명하고, 즉 논증을 하고
❺ 나의 결론에 반대 또는 대조되는 의견(반론)이나 생각을 고려하여, 내 생각과 견주어 그것이 비논리적임을 보여주거나 잘못됨을 지적하고
❻ 예외를 정리하여 보여준다.

이것은 우리가 알고 있는 3단 논법을 좀 더 보완한 것이라고 할 수 있

습니다. 이 이론은 1950년대에 영국의 툴민 박사에 의해 정리되었다고 하는데, 3단 논법에 비해 실제 생활 속에서 더욱 쓸모 있는 논리라 하여 김병원 박사님은 이를 '실용 논리'라 하였으며, 초등학교 아이들을 위해서는 '6단 논법을 통한 토론', '신세대 토론'이란 이름으로 처음 우리나라에 소개하였습니다.

이 6가지는 주장하는 말·글의 6하 원칙이라고 할 수 있습니다. 기사를 쓸 때 6하 원칙을 생각하고 글을 쓰면 핵심이 분명해지듯이, 주장하는 글을 쓸 때는 이 원칙을 기억하며 쓰면 됩니다.

그러므로 우리는 토론에 참여하는 사람들에게 먼저 이 6하 원칙에 따라 생각하고 정리하는 것을 꾸준히 알려주고, 토론에 참여할 사람이라면 적어도 자신의 생각을 이런 원칙에 맞추어 해보자고 제안해야 합니다.

그럼, 주장의 6하 원칙은 무엇을 말하는 것인지 자세히 알아볼까요?

"설득력 있는 주장을 위한
6하 원칙 "

1단계 : 안건에서 벗어나지 맙시다

토론이란, '하나의 주제'를 두고 찬성하는 생각과 반대하는 생각을 가진 사람들이 동등한 의견 진술의 기회를 가지고 관련된 정보와 지식을 체계적으로 정리하여 설득력 있는 논조로 자신의 주장을 전개하는 것입니다.

이때 찬반 의견 대립이 선명한 하나의 주제를 우리는 '안건'이라고 합니다. 그렇다면 안건은 어떤 내용이 될 수 있을까요? 사람들은 어떤 주제에 대해 서로 의견을 내세우면서 상대의 생각을 들어보고 싶어 할까요? 대개는 매우 논쟁적인 주제일 가능성이 높습니다. 만약 확실한 정답이 있거나 절대적인 진리라면 토론할 필요를 느끼지 않을 테니까요. 또 사람들이 별로 관심을 갖지 않는 주제라면 굳이 모여서 토론을 하거나 상대의 의견을 들으려고 하지는 않을 것입니다.

따라서 토론의 주제가 되는 안건은 집단의 구성원들 사이에 뜨거운 논란거리가 될 주제이거나, 다양한 관점에서 살펴보고 생각을 모아야 할 문제가 될 것입니다.

이러한 토론 주제로 무엇이 좋은지 찾아보자고 하면 아이들은 나름대로 자기 입장에서 매우 중요하다고 생각되는 문제를 가지고 토론하고 싶어 합니다. 생활 속에서 부딪히는 문제를 그냥 넘기지 않고 의문을 가지면서 한 번 더 생각해보게 되는 것이지요. 이것만으로도 얼마나 큰 발전인지, 저는 아이들이 참 대견하다고 생각했습니다.

"우리, 토론해보자."라고 하는 말은 아무 생각 없이 "하던 대로 하자."거나 "이래도 좋고 저래도 좋아." "그냥 아무렇게나 해." 하는 태도와는 얼마나 다른지요.

처음 토론 수업을 진행하는 선생님들 중에는 '토론의 안건은 구체적으로 어떤 것을 말하는 것인가?', '어떤 안건으로 토론을 전개해야 하는가?', '안건은 어떻게 서술하는가?' 하고 걱정하시는 분들이 많이 계십니다. 우리나라에 규칙이 있는 토론을 처음 소개하고 새롭게 이론을 정리한 김병원 박사님은 《생각의 충돌》에서 안건을 다음과 같이 정의하고 있습니다.

안건은 상황이나 현실의 어떤 변화를 시도하는 내용이어야 한다. 예를 들면 미신을 따르는 행위가 일반화된 현실이면 그것을 옳지 않다고 보는 견해를 안건으로 정해서 '미신 행위를 인정할 수 없다'로 하면, 그 안건을 제시하는 찬성 쪽의 토론에 대해 반대 쪽은 현재의 상황을 그대로 지지하는 토론을 벌일 수 있을 것이다. 또 다른 예를 든다면 남북이 갈라져 있는 현실에서는 '남북을 하나로 통일해야 한다'는 안건이 바람직하고, 남북 통일의 실현을 이미 강력히 추진하고 있다면 그것을 막으려는 의도에서 '남북 통일의 시도는 바람직하지 않다' 등의 안건을 찬성 측에서 제시하고 그에 반대하는 토론을 벌이도록 할 수 있을 것이다.

참고로 안건의 내용에는 어떤 종류가 있을까? 우선 미신의 경우를 예로 들어보자. 미신은 하나의 주제이다. 이 주제에서 안건을 구성한다면 다음 네 가지가 가능할 것이다. 단, 두 가지 내용이 겹칠 수도 있다. 예를 들면 실제로 안건에 대해 토론할 때에는 '방향 결정(정책)'에 '가치 판단'이나 '사실 여부'의 토론을 병행할 수도 있다.

❶ 방향 결정(정책) : 미신 행위는 인정할 수 없다.

반대 : 미신 행위는 인정해야 한다.

❷ 가치 판단 : 현대인에게 미신은 중요하다.

반대 : 현대인에게 미신은 중요하지 않다.

❸ 사실 여부 : 오늘의 한국에는 미신이 많은 편이다.

반대 : 오늘의 한국에는 미신이 없는 편이다.
❹ 흥미 중심 : 최고의 점술가가 최고의 대통령이 될 수 있다.
반대 : 최고의 점술가는 최악의 대통령이 될 수 있다.

안건을 서술할 때 한 가지 유의할 점이 있습니다. 일반적으로 우리는 긍정적 표현을 찬성 측에 두는 경향이 있기 때문에 실제 토론 과정에서 부정문으로 된 안건을 접할 때 토론자들은 혼란스러워하기도 합니다. 예를 들면 '미신 행위는 인정할 수 없다'라는 안건에 대해 찬성 측은 "'미신 행위는 인정할 수 없다'라는 안건에 대해 찬성합니다."라고 자신의 결론을 밝히게 됩니다. 그런데 다음 논리를 전개해 나가다 보면 '없다'라는 표현과 '찬성한다'라는 표현을 자연스럽게 연결시키는 것에 어려움을 느끼는 것을 자주 보게 됩니다. 이것은 어법의 차이에서 오는 불편함이라 할 수 있는데, 가능하면 우리 어법에 맞게 서술하는 것이 좋습니다.

다음은 어떤 안건으로 토론을 전개해야 하는가입니다. 우선은 아이들 생활 속에서 문제가 되는 상황을 토론 안건으로 전개하면 아이들이 매우 흥미 있어 합니다. 예를 들면 '학교에서 휴대폰 사용을 허용해야 하는가?', '교사의 일기 지도를 꼭 받아야 하는가?', '시험은 아이들의 학습 능력 향상에 도움을 주는가?' 등과 같은 안건이라고 할 수 있겠지요.

우리 반 아이들도 처음에는 이런 안건들에 더 큰 흥미를 느끼는 것 같았습니다. 하지만 토론하는 법을 배우고 몇 번 연습을 하고 나자 신기하게도 이런 토론 안건들을 자연스럽게 비켜가기 시작했습니다. 왜 그럴까요? 가장 큰 이유는, 막상 그런 안건으로 토론을 해보면 재미없다는 사실을 알게 되기 때문입니다. 주로 자신의 경험 범위 안에서 설명하거나 논증 자료를 찾아오게 되므로 새로운 것이 없으니, 긴장감이 떨어지고 더 이상 흥미를 느끼지 못하게 되는 것이지요.

그렇다고 처음부터 말릴 필요는 없다고 생각합니다. 하고 싶어 할 때 하도록 두면 자연스럽게 다음 단계로 나아가, 깊이 생각해야 하거나 어렵게 자료를 구해와야 하는 토론에 더 매력을 느끼고 도전하고 싶어 하는 아이들을 만나게 될 것입니다.

이 외에 사회나 국어, 도덕, 과학, 음악, 미술 교과서 등에서 안건을 고를 수도 있습니다. 교과서를 잘 살펴보면 토론할 수 있는 안건으로 제시되어 있는 학습 문제가 아주 많다는 사실을 알 수 있을 것입니다. 어쩌면 잘 몰랐기 때문에 보이지 않았던 것은 아닐는지요?

또 시사 문제도 좋은 토론 안건이 될 수 있습니다. 신문에 난 기사나 쟁점들은 훌륭한 토론 안건이 되어 수업에 또 다른 흥미를 불어넣어 줄 수 있겠지요. 예전에 한 신문에 난 〈여론 그래픽〉을 흥미 있게 본 적이 있습니다. 주제는 '국가 돈으로 초등학교의 청소 예산을 지원해야 하는가?' 였습니다. 응답자 2002명의 답을 분석한 결과 '청소 예산 지원이 필요하다'는 의견이 57.5퍼센트, '청소 예산 지원이 필요하지 않다'는 의견이 42.5퍼센트로 나왔습니다. 이런 안건으로도 토론해볼 만하지 않을까요?

간단한 책을 읽을거리로 하여 안건을 만들고 토론을 전개해도 재미있는 토론이 될 수 있습니다. 이 부분은 제4부 '토론 수업 따라하기'에서 자세히 설명하겠습니다.

2단계 : 안건에 대한 자신의 의견을 먼저 밝히세요

주어진 안건에 대해 자신의 입장이 찬성인지 반대인지 의견을 밝히는 것입니다.

토론을 통해서 자신의 주장을 펼쳐나가는 것은 반드시 상대가 있다는 것을 전제하는 것입니다. 이것은 나와 생각이 다르거나 비판하는 사람이 있다는 뜻이며, 먼저 양쪽의 의견을 들어본 뒤에 결론을 내리겠다고 생각하는 사람도 있을 수 있다는 뜻입니다. 그러므로 토론에서는 자신의 생각을 누구나 쉽게 이해할 수 있도록 구체적이면서도 분명하게 밝혀야 합니다.

우리는 흔히 자신의 견해를 밝히는 결론을 의견의 맨 끝에 둡니다. 그러나 듣는 사람은 '언제 결론이 나오는가?', '이 사람의 결론은 무엇인가?' 하는 것에 가장 큰 관심이 있으므로 앞의 설명에 온전히 몰입하여 듣는 것이 어렵습니다. 그러므로 자신의 입장을 먼저 밝히는 것은 상대방의 이해를 배려한 의견 제시 방법이자, 자신의 주장을 좀 더 힘 있게 제시하는 방법이라고 할 수 있습니다.

3단계 : 자신의 주장에 대한 타당한 이유를 찾아봅시다
토론의 본질은 '이유 찾기'에 있는 것 같습니다. 토론의 목적이 자신과 생각이 다른 사람을 설득하여 자기 의견에 동의하도록 판단과 가치와 태도를 바꾸려는 것이기 때문에, 자신의 주장만 내세우는 것으로는 상대방의 생각을 바꾸기가 어렵습니다. 이유가 뒷받침되지 않는 주장은 단지 문제 제기에 불과할 뿐입니다. 우리는 문제로 제기되었다는 사실만으로 그 주장을 받아들이지는 않습니다.

예를 들어 "학교에서 아이들이 핸드폰을 사용하는 것은 금지해야 해." "초등학교 청소 지원은 할 필요가 없다고 생각해." "시험은 아이들을 괴롭히기만 하지 실제로 학습 능력 향상에 도움이 되지는 않아."라는 말만 듣고 이를 설득력 있는 주장이라고 생각하지는 않을 것입니다.

주장의 설득력은 그것을 뒷받침하는 다른 어떤 것에 의해 생겨납니다. 이렇게 주장을 뒷받침하고 납득할 수 있게 만드는 어떤 것을 우리는 '이유' 또는 '근거'라고 부릅니다. 이유나 근거가 주장을 뒷받침할 때 주장은 비로소 설득력을 얻게 됩니다.

합리적인 이유나 근거는 진술일 수도 있고 또 다른 주장일 수도 있습니다. 때로는 이 두 가지가 결합되기도 합니다. 몇 개의 이유가 모여 주장을 지지하기도 하는데, 설득력은 주장과 이유가 서로 잘 어울릴 때

생깁니다. 이유를 선택할 때 우리는 결론에서부터 '왜?'를 여러 번 물어서 그 응답들 중 가장 타당하고 지혜로운 이유를 찾아야 합니다. 왜냐하면 이유가 옳은 것이어야 거기서 나온 결론도 옳다고 할 수 있기 때문입니다.

앞의 '미신'에 관한 예에서 김병원 박사님은 이렇게 설명하고 있습니다.

'미신 행위를 인정할 수 없다'는 안건에 찬성 결정을 했을 경우를 예로 들어보자.

❶ 왜 인정할 수 없는가?

　미신은 잘못이기 때문이다.

❷ 왜 미신은 잘못인가?

　미신은 사실이 아닌 것을 믿는 것이기 때문이다.

❸ 왜 사실이 아닌 것을 믿으면 잘못인가?

　세상은 사실로만 되어 있기 때문이다.

이제 위의 '왜?' ❶❷❸ 중에 어느 하나를 이유로 내세워도 좋을 것이다. 그리고 그 설명은 나머지 물음에 대한 응답을 중심으로 설득력 있는 예를 들거나 실증을 대거나 이론을 전개하는 등 여러 가지 방법을 동원하여 구성할 수 있다.

이때 결론을 두고 나와 상대를 향해 '왜?', '왜 그런가?', '과연 그러한가?' 등의 질문을 끈질기게 하면서 가장 지혜로운 이유를 찾아가는 것, 이러한 과정을 통해서 생각하는 힘을 기르도록 하는 것이 우리가 토론을 지도해야 하는 중요한 이유 중 하나일 것입니다.

토론 강의 중에 이런 말씀을 드렸더니 선생님들 가운데 다음과 같은 의견을 주신 분들이 정말 많았습니다.

"토론하며 연습한 생각들이 실생활의 감정적인 문제에도 유용할까요? 아니면 생각게임으로만 끝나게 될까요? 실제로 논리적으로 따지는 아이를 보거나 6단계로 완전한 주장을 하는 사람이라고 할지라도 그것이 통용되지 않는 분위기도 있습니다. 또 토론이 보편화되면 정이나 사람 간의 감동이 적어지리란 생각이 듭니다."

이런 반응을 보고 있노라면 토론을 몰랐을 때의 제 모습이 생각납니다. 저도 처음 토론을 접했을 때 이와 비슷한 생각을 했었고, 그래서 누구보다도 토론 교육에 비판적인 시각을 가지고 있었습니다. 그러나 토론을 배우고 또 아이들과 함께 공부하면서 저는 우선 제 자신이 달라지는 것을 느낄 수 있었습니다. 아마 가장 큰 변화는 사소한 일상에서도 내가 선택한 결론이 개인적인 감정에서 비롯된 것인지 합리적인 이유를 댈 수 있는 근거에서 비롯된 것인지 자신에게 묻게 되고, 언제나 더 나은 이유를 찾아보려는 여유를 갖게 된 것이 아닐까 싶습니다. 그리고 언제나 '내 주장이 틀릴 수도 있다'고 생각하는 자신을 발견하게 되었습니다.

  내 생각과 전혀 다른 아이들의 행동이나 생각을 만났을 때도 '왜 그런 행동을 했을까?', '저 아이는 왜 저런 생각을 하게 되었을까?' 하고 생각해보게 된 것은 큰 변화였습니다. 그런 생각을 하며 아이들을 보게 되면 아이들이 전과 달리 보인다는 것도 소중한 배움이었고 깨달음이었습니다.

  물론 다른 사람들은 그렇게 하지 않는데 혼자서만 이런 생각을 하고 양보하는 것이 억울하게 여겨질 때도 있고, 상대는 알아주지도 않는데 일일이 설명할 수도 없는 상황에서 언제나 먼저 배려해야 하는 자신이 답답하게 여겨질 수도 있겠지만, 상대나 상황에 대한 이해의 폭이 넓어지면서 얻게 되는 인간관계의 변화와 마음의 여유와 안정은 오히려 도움이 될 수도 있겠다는 생각이 듭니다.

  토론 학습에 대한 인식 변화에 있어 가장 큰 걸림돌이 되는 것이 앞에서 언급한 세 번째 질문이 아닐까 합니다. 저는 경험을 통해, 토론을 하면 할수록 사람의 본질에 대한 이해의 폭이 넓어지고 사람과 사람 사이의 관계에서 오고가는 정이나 감동, 배려가 오히려 커질 수 있다는 결론을 얻었습니다. 하지만 그것을 정확하게 설명하기는 어렵군요. 일단 한 번 해보면 누구나 경험하게 될 거라고 말씀드리는 수밖에는.

  저는 저와 가치관이 전혀 다른 사람의 의견을 들을 때도 마음 상태가 그전과는 달라진 자신을 느낄 수 있었습니다. 우선 나와 다른 의견이 있을 수 있음을 인정하게 되니 상대에 대해 화가 나거나 섭섭한 마음이 들지 않게 되어 좋았습니다. 또 상대방이 어떤 근거에서 그렇게 주장하는지를 먼저 생각하게 되니 오히려 이해의 폭이 넓어져 마음이 편안해졌습니다. 입장의 차이를 인정한다는 것이 사소하게 보일지 모르지만 제게는 세상이 다르게 보이는 경험이었습니다.

4단계 : 설명은 의무!

그러나 주장과 이유만 있다고 설득력이 생기지는 않습니다. 설득력은 주장과 이유가 타당하게 연결될 때 나오는 것입니다. 그러므로 이유를 들었다면 주장과 이유의 옳고 그름을 따져볼 수 있는 과정이 있어야 합니다. 이 과정은 '설명'이라고 부를 수도 있고 '논증'이라 부를 수도 있습니다. 설명은 이유와 함께 토론 방법의 핵심이며 본격적인 시작이라고 할 수 있습니다.

설명하는 방법에는 여러 가지가 있습니다. 토론 초기에 아이들이 잘 이용하는 방법으로는 실제 자신이 경험한 예나 다른 사람의 사례, 책 속에 나오는 예를 들어가며 비교하여 설명하기가 있습니다. 논리적인 사고의 출발이며 기본이라 할 수 있는 방법으로, 일의 순서나 과정을 자세히 묘사하기, 이치를 따져가며 설명하기, 논리의 내용에 따라서 실험이나 실제 증거를 대기 등이 있습니다. 만약 진행되는 과정에 있는 일이라면 그 과정을 한 단계씩 순서대로 말하기, 원인을 찾아서 올바른 원인을 밝혀내는 내용을 잘 설명하기 등이 있습니다. 이런 다양한 방법들 중에서 자신의 주장을 전개하는 데 필요한 것을 선택하여 효과적으로 배치하면 설득력 있는 주장이 될 가능성이 높겠지요.

앤서니 웨스턴은 이 논증 과정에 필요한 내용을 《논증의 기술》이란 책으로 묶어냈습니다. 그만큼 다양한 규칙과 기술이 동원되는 부분이라 할 수 있겠지요. 지은이는 이 책에서 간단한 논증의 일반적인 규칙에서부터 예를 통한 논증, 유비에 의한 논증, 권위에 근거한 논증, 원인에 대한 논증 등 다양한 규칙들을 짧게 설명하고 예를 들어 보여주었는데, 그것만으로도 한 권의 책이 될 정도입니다. 간단히 설명해놓은 규칙집이지만 훌륭한 논증을 하는 데 필요한 방법들이 일목요연하고 편리하게 정리되어 있어, 옆에 두고 하나씩 익히며 아이들의 토론 지도에 적용해 보아도 좋을 듯합니다. 그러다 보면 논증적인 글쓰기의 핵심과 상대방의 논리 가운데 있는 오류를 알아보는 지혜를 덤으로 얻게 될지도 모르니까요.

또한 좋은 논증의 예를 보여주는 흥미로운 책으로 《서울대 이태진 교수의 동경대생들에게 들려준 한국사》가 있습니다. 서울대 이태진 교수님이 한국 병합 문제에 대한 기존 역사학계의 입장과는 전혀 다른 새로운 주장을 하셨는데, 그간의 연구 성과가 일본의 유명한 월간지 《세카이(世界)》에 토론(debate) 형식으로 8회에 걸쳐 실리게 되었다고 합니다. 이어서 그 연구 내용을 동경대 대학원생들에게 강의하게 되었고, 그 후 강의 노트를 정리하여 한 권의 책으로 펴낸 것입니다.

교수님의 주장은 메이지 시대 일본의 대외 정책이 얼마나 잘못되었던가를 설명하는 데 집중하고 있어서, 저는 이 책의 제목을 보는 순간 강한 호기심을 느끼게 되었습니다. '현재 일본의 학생들에게 그들이 매우 자랑스럽게 생각하고 있는 메이지 시대 조상들의 잘못을 과연 어떻게 설명하고 또 학생들은 어떻게 받아들였으며, 어떤 질문과 답변이 오고갔을까?'

얼마나 흥미진진했던지 저는 숨도 쉬지 않고 단숨에 읽어버렸습니다. 교수님은 첫 강의에서 강의의 목적을 다음과 같이 밝히고 있는데, 조금 인용해봅니다.

내 강의는 피해국 국민으로서 가지는 맹목적이고 감정적인 공격이 아니라 역사의 진실을 알리려는 것입니다. 이것이 동아시아, 나아가서는 세계의 진정한 평화 실현을 위해 일본이 다시 태어나는 데 조금이라도 도움이 된다면 더 바랄 것이 없겠습니다. 나를 포함해서 한국인들은 현재 일본에 대해 어떤 적의도 가지고 있지 않습니다. 다만 이시하라 동경도지사처럼 심심하면 '한국 병합은 합법적이었다' 또는 '식민 통치를 통해서 한국을 근대화시켜줬다'는 식의 발언이 나오면 한국인들은 분노합니다. 그것은 부당함에 대한 분노이지, 현재 일본과 일본인에 대한 적의의 분노는 결코 아닙니다. 그러나 이 부당함에 대한 인식이라는 것은 적의의 분노보다도 처리하기가 더 어려운 면이 있습니다. 부당하다는 것에 대한 지적이 충분한 근거를 가져야 하고 논리적이어야 합니다. 그리고 그 지적을 받는 쪽에서는 그것이 논리적이고 사실일 때는 인정을 해야 합니다. 이런 것은 지식인, 학자들의 양심적인 역할이 개입되지 않고서는 불가능합니다.

'일본의 한국사 왜곡 출발점으로서의 고종 시대'부터 '한국 병합의 강제와 불법성'까지 다룬 강의와 특별 강연으로 진행되었는데, 새로운 주장을 뒷받침하는 근거로 역사적인 기록을 꼼꼼하고 매우 객관적인 관점에서 제시하는 방법이 무엇보다 인상적이었습니다. 거기에 과학적인 분석과 자료가 더해져 굉장히 논리적이고 설득력 있는 주장의 좋은 예로 볼 수 있었습니다.

5단계 : 상대방의 입장이 되어보세요

어떤 이유가 우리의 머리에 떠오르든, 우리는 그 이유가 부당할 수도 있다는 가능성에 대해 고려해보아야 할 것입니다. 즉 토론에서 자신의 주장이나 해석에 대한 반대를 예상해보는 것입니다. 혼자 생각할 때도 꼭 이렇게까지 해야 하느냐는 질문을 많이 받아보았는데, 저는 자신의 주장이 객관성과 설득력을 확보하는 데 꼭 필요한 과정이라 여겨 아이들에게 이 과정은 꼭 거치도록 하였습니다.

보통 토론자들에게는 자신이 선택한 결론에 대해 그 타당성을 입증

할 여러 가지 이유가 있을 것이며, 그들은 그 이유를 뒷받침할 근거와 논증 자료를 최대한 동원하여 매우 논리적인 주장을 준비할 수 있을 것입니다. 그러나 대개의 경우 토론자들의 생각은 너무 주관적이어서 자신에게 유리한 방향으로 논리를 전개해갈 가능성이 크다고 합니다. 논리가 분명하면 할수록 상대방의 논리도 상대의 입장에서는 더욱 분명해지므로 팽팽한 대결 국면이 펼쳐지게 되겠지요.

학급이나 모임에서 토론을 하면 차츰 언성이 높아지고 감정이 개입되게 되는데, 그 이유는 모두의 주장이 너무 논리적이어서(?) 그렇다는 생각이 듭니다. 선생님들도 우스갯말로, 논리적으로 똑 부러지게 자신의 주장을 전개하는 아이의 말을 들어보면 말은 다 맞는데 전혀 마음이 움직이지 않을 때가 있다고 합니다. 왜 그럴까요?

이는 인간의 본능에서 기인한다고도 합니다. 찬반 의견이 나누어진 어떤 주제에 대해 서로 다른 의견을 가진 상대방이 있을 때, 한쪽에서 자신의 주장이 옳다고 하게 되면 이는 곧 상대방이 틀렸다는 의미가 됩니다. 의도하지 않았다고 할지라도 상대방은 그렇게 받아들일 수밖에 없겠지요. 이렇게 되면 상대방은 자신이 졌다고 느끼거나 억눌린 감정을 갖게 되어 쉽게 공격적으로 바뀔 수 있습니다. 그리하여 감정도 상하고 마음도 닫히게 됩니다. 마음이 닫힌 상태에서는 어떤 의견도 곱게 들리지 않게 되며, 듣는 사람의 마음은 공격적인 생각과 반대 의견으로 들끓게 되겠지요.

이때 만약 한 발 물러선 뒤 상대의 입장에서 생각해볼 수 있다면 어떨까요? 상대도 역시 나름대로의 경험과 이유가 있어서 최선을 다해 의견을 준비했을 거라 생각한다면? 한걸음 더 나아가 반론을 옹호하는 논증까지 해볼 수 있다면 오히려 더 분명하고 효과적인 주장으로 대응하는 단계로 나아가게 될 것입니다.

토론을 배우면서 저는 '반론에 대한 고려' 부분이 토론 학습의 가장 독특한 특징이라고 느꼈습니다. 그리고 토론 수업을 진행하면서 아이들이 이 부분을 받아들이는 모습과, 토론이 거듭될수록 생각이 변화해가는 과정을 지켜보는 것도 흥미로웠습니다.

어떤 일을 결정할 때도 합리적이고 지혜롭게 판단하고자 한다면 상대의 입장이 되어볼 필요가 있습니다. 반대의 입장에서 나의 주장을 저울질해보면 사실에 가까운, 그리고 보다 객관적이고 분명한 결론에 도달할 수 있고 설득력도 더해질 수 있습니다. 만일 반론을 놓고 반론의 타당성과 자기 주장을 저울질해보았더니 반론의 논증이 더욱 타당하다는 결론이 나온다면, 그때는 그 반론을 수용하거나 자기 주장을 다시 고려해보아야 하지 않을까요? 이때는 3단계 '이유' 부분으로 돌아가서 다시 새로운 이유를 생각하고 논증을 찾아내서 설명하고 정리해야 할 것입니다. 만약 반론의 설명이 문제가 있다고 여겨지면 그때는 반론에 견주어서 자신의 이유가 낫다는 것을 한층 더 강조할 수가 있을 것입니다. 그래서 토론에서는 '반론에 대한 고려'가 꼭 필요한 것입니다.

'반론에 대한 고려'는 실생활에서도 우리에게 주는 유익함이 참 많습니다. 우선 5단계까지 생각하게 됨으로써 무엇보다 '생각을 깊이, 많이 하게 된다'는 것입니다. 때로는 5단계까지 나아갔다가도 다시 3단계로 돌아가 생각해야 할 때도 있고, 생각 전체를 다시 조정해야 할 때도 있습니다. 그러니 토론을 준비하는 아이들의 입에서 "으아, 머리에서 쥐가 나요!"라는 말이 저절로 나오게 되는 것이지요.

둘째는 우리 아이들이 저절로 '독창적인 생각을 할 수밖에 없다'는 것입니다. 주장을 준비하는 과정에서 각자 상대방이 어떤 반론을 제기할 것인지를 미리 생각해봄으로써 우리는 '어떻게 하면 상대가 생각하지 못한 새로운 주장과 설명을 찾아낼까?' 하는 노력을 하게 됩니다. 이렇게 아이들은 자기도 모르는 사이에 독창적으로 생각하는 연습을 하게 되는데, 남들이 미처 생각하지 못한 것을 생각해내는 것, 이것이 바로 창의적인 사고의 시작입니다.

셋째는 '역지사지'입니다. 내 논리는 이러이러해서 옳다고 주장을 펼치면, 물론 그렇게 절대적으로 옳은 논리도 없겠지만, 설령 그 논리가 모두 옳은 것이라 할지라도 오히려 상대방의 마음이 더 굳어질 수 있습니다. 이는 입장의 차이가 있기 때문입니다.

일반적으로 상대방의 입장이 되어 문제를 냉정하고 논리적으로 보기란 쉽지 않습니다. 상대방이 자신의 입장에서만 주장을 펼치면 그와 생각이 다른 사람은 자신이 공격이나 무시를 당한다고 느끼거나 좌절을 경험할 수 있습니다. 이때 상대방의 입장에서라면 이럴 수도 있다고 전제하는 것은 상대의 존재를 인정해주는 것입니다. 또한 청중들에게는 여러 가지 입장의 차이를 고려한 객관적인 주장을 펴고 있다는 인상을 주게 되어 더욱 설득력 있는 주장이 되는 것입니다.

끝으로 '상대에 대한 배려'를 들 수 있습니다. 상대방의 입장이 되어봄으로써 대결 이전에 먼저 상대를 이해하는 마음이 생기게 되는 것입니다. 우리 반 아이들은 그래서 토론 수업이 특히 좋았다고 말하곤 했습니다.

토론을 배우며 난 우리 반 아이들이 반론에 대한 고려를 하면서 하는 말 '물론'이란 말이 가장 좋다. 아무래도 자신의 생각과 함께 남을 생각해주는 것 같아 그런 것 같다. (중략) 토론은 우리에게 여러 가지를 주는 것 같다. 첫째는 글을 자세히 읽는 방법, 6단 논법으로 생각하며 읽으려 하니 당연히 글을 자세히 읽는다. 둘째는 남을 잘 이해하게 된다. 남이 말하는 것을 잘 생각하고 또 어떤 이유에서 이런 말을 쓰는지 그런 것들을 생각하니 무조건 자기 말이 옳다는 생각보다 '이럴 수도 있다'는 생각이 들 때도 있다. 셋째는 옳고 그름을 잘 알 수 있다. 자기는 계속 같은 생각을 해왔지만 반대로 생각해보면 그럴 수도 있으니 자기의 생각이 틀렸다는 마음도 생길 것이다.

김병원 박사님의 '미신'에 관한 설명을 통해 반론에 대한 고려 부분을 다시 한 번 살펴보겠습니다.

반대 측에 서서 보면 세상이 어떻게 사실로만 되어 있다고 할 수 있느냐 하는 의문이 생길 수도 있다. 그러나 세상은 사실로만 되어 있다. 모든 자연 현상은 사실뿐이다. 다만 우리가 아직 사실 여부를 확인하지 못한 것들은 많다. 그렇다고 해서 사실 여부를 확인하지 못한 것을 미신으로 대치할 수 있겠는가? 미신이란 사실이 아닌 것을 믿는 행동이다. 사실만을 믿고 나머지 사실 여부가 확인되지 않은 것은 그대로 놔두어야 할 것이다. 확인되지 않았다는 이유로 그것을 미신으로 대치하면 그 미신은 거짓을 믿는 결과가 될 가능성이 크므로 위험하다.

이와 같은 반론에 대한 고려를 찬성과 반대 양쪽에서 공평하게 전개하면 토론의 분위기는 어떻게 달라질까요?

말의 논리, 말재주, 말싸움으로 오해받기 쉬운 토론이 비로소 설득력을 갖게 되는 것도 바로 이 부분이 있기 때문입니다. 또 의식적으로라도 상대방의 입장이 되어봄으로써 아이들이 자연스럽게 상대를 이해하게 되고 존중하는 태도를 갖게 되는 것을 발견하게 될 것입니다.

6단계 : 예외까지 정리해야 완성!

우리가 토론에서 다룰 수 있는 모든 안건에 대해 어떤 결론을 내리든, 거기에는 어느 정도 예외가 포함되어 있습니다. 예외가 없는 것은 처음부터 토론의 대상이 될 수 없겠지요. 예외란 '찬성과 반대 측 모두를 포함하고 있거나, 현실적으로 양쪽 모두를 어느 정도 만족시키는 최선의 선택은 무엇인가에 대한 고려'라고 볼 수 있습니다.

이해를 돕기 위해 '미신'에 관한 김병원 박사님의 설명을 더 인용해 보겠습니다.

예컨대 '세상은 사실로만 되어 있기 때문에' 사실이 아닌 것을 믿는 미신은 잘못이라고 토론을 전개하였다고 하자. 그런 경우 예외 사항을 만드는 근거는 무엇일까? 그것은 사람의 마음일 것이다.

미신 중에는 인정해야 할 것도 있을 수 있다. 그것은 사람의 마음에서 우러나오는 미신일 것이다. 사람의 마음은 인위적으로 만들어진 컴퓨터의 프로그램이 아니다. 사람에게는 창의적인 면이 있고 환상과 공상을 즐기는 면도 있다. 세상의 사실만을 생각하고 믿는 것으로 인간을 설명할 수는 없다. 바로 사실 여부를 알 수 없는 그 경우에, 거기서부터 미신이 자연 발생한다. 그 미신은 인간성에 기여하고 있고 또 그것이 엄연한 사실들을 왜곡하지 않는 한 그런 미신은 인정해야 할 여지가 있다고 본다. 이 수준을 넘어선 미신 행위는 인정할 수 없다.

정리는 주장하는 말·글의 6하 원칙에서 대단히 중요한 부분입니다. 그 이유는 앞에서 보는 바와 같이 토론이란 현실 내용에 바탕을 두고 서로 다른 생각을 가진 사람이 만나 함께 전개하는 것임을 가장 뚜렷하게 나타내는 부분이기 때문입니다. 여기까지 고려하고 나면 찬성, 반대 어느 쪽도 완전히 무시당했다거나 이기고 졌다는 느낌 없이, 생각의 폭을 넓혀 모두가 공감할 수 있는 합의점에 도달할 수도 있겠다는 가능성을 전제하고 토론을 할 수 있지 않을까 합니다.

《한겨레신문》〈함께하는 교육〉편에 실린 중동고 안광복 선생님의 "논술내공"에서는 이 부분에 대해 재미있고 아주 알기 쉬운 예를 소개하고 있습니다.

전투기 설계를 예로 들어보자. 해군과 공군이 바라는 전투기의 능력은 서로 다르다. 해군은 배에 실을 만큼 작으며 엔진이 뛰어난 비행기를 원한다. 공군은 무기를 충분히 실을 만큼 덩치 있고 날개가 큰 전투기를 원한다. 해군과 공군의 요구사항은 서로 충돌한다. 어떻게 이를 조화시킬 수 있을까?

아마 '좁은 공간에 여러 대를 실을 만하고 무기를 충분히 탑재하면서도 날렵한 전투기'를 설계한다면 양쪽 모두를 만족시킬 수 있을 것이다.

물론 '좁은 공간에 구겨넣을 만큼 작으면서도 무기까지 가득 실을 수 있는 비행기'는 어쩌면 불가능할지도 모른다. 그러나 어차피 결정이란 부닥친

한계들 속에서 타협과 절충을 이루는 과정이다. 이 속에서 양쪽이 합의한 기준은 현실에서 실현 가능한 방안 중 최선의 결과를 이끌어낼 터다.

이런 예들은 우리 주변에서 흔히 볼 수 있습니다. 노사 간의 갈등도 그렇고, 님비 현상이라고 여겨지는 지역 이기주의도 그렇습니다. 그러나 상대의 입장이 되어 생각해본다면 일방적으로 옳고 그름을 규정하거나 매도만 하지는 못하겠지요.

뿐만 아니라 이 예외 부분의 고려는 토론에 상상력이 작용할 여지를 제공한다는 점에서도 매우 유용한 부분이라 생각합니다. 현실적으로 서로 반대의 입장에서 주장하고 있는 양쪽을 다 만족시키는 일은 불가능한 일일지도 모릅니다. '희기도 하고 검기도 한 색'이 존재할 수 없는 것처럼. '좁은 공간에 구겨넣을 만큼 작으면서도 무기까지 가득 실을 수 있는 비행기'가 불가능한 것처럼.

그러나 이런 불가능한 색깔과 비행기를 마음껏 상상하는 가운데서 새로운 발견과 발명은 이미 시작되는 것이 아닐까요? 우리가 오늘날 현실 속에서 만나게 되는 많은 새로운 것들은 모두 오래전 사람들의 상상 속에서나 가능한 일이었던 것을 기억한다면 말입니다.

그러므로 처음부터 양쪽 모두 예외를 고려하고 시작해본다면 토론은 훨씬 정중하고 생산적으로 진행되지 않을까 합니다.

"주장의 6하 원칙, 이렇게 응용하세요"

선생님들 중에는 토론이 반드시 6단계 토론 학습의 순서로만 이루어져야 하는지 궁금해하시는 분들이 많았습니다. 이 부분에 대해서도 김병원 박사님의 《생각의 충돌》에 잘 나와 있는데 간단히 정리해보면, 이 원칙은 하나의 모델이므로 이를 토론 학습에 적용할 때는 다음 세 가지 정도를 생각하는 것이 좋다고 합니다.

첫째는 반드시 6하 원칙의 순서대로 사고나 표현을 전개해야 하는 것은 아니며, 전개 순서는 상황에 따라 사용자가 적절히 바꿀 수 있다는 것입니다.

둘째는 반드시 여섯 가지 요인을 모두 포함하지 않아도 된다는 것입니다. 그중에서 몇 가지만 필요와 상황에 따라 선택해서 사용해도 됩니다.

셋째는 이 6하 원칙만이 완벽한 주장을 구성한다고 할 수는 없다는 것입니다. 필요에 따라 전통적인 3단 논법을 이용할 수도 있고, 여러 가지 다른 사고 방법을 활용할 수도 있을 것입니다.

그러나 이것은 기본이 되는 원칙으로 보다 논리적이고 설득력 있는 주장이 되게 해주므로, 알아두면 그때그때 상황에 맞게 응용하기가 쉽지 않을까 생각합니다. 무엇보다 처음 토론을 접하는 아이들이 쉽게 받아들이고 재미있게 익힐 수 있다는 장점이 있는 것 같습니다.

그러면 과연 아이들은 어떤 생각을 할까요? 컴퓨터 게임보다 토론이 더 재미있다고 말하게 된 우리 반 아이의 글을 소개합니다.

"저는 이 안건에 찬성합니다. 이유는 이렇고 설명으로는 이렇습니다. 물론, 하지만…" 우리 반 아이들과 토론할 때 들리는 소리이다.
나는 토론 수업이 이렇게 좋은 줄 몰랐다. 평소의 사고에서 한 발 나아간 '6단 논법'으로 생각하는 토론! 그 짜릿함과 즐거움을 느껴본 사람이 많지 않아 아쉬울 뿐이다.
우리는 자기의 주장을 나타낼 때 보통 안건, 주장, 이유만 말하거나 설명을 붙여서 주장한다. 그러나 이 토론은 안건, 결론, 이유, 설명, 반론에 대한 고려, 정리가 들어간다. 새로이 들은 '반론에 대한 고려'와 '정리'는 내 머릿속에 깊이 박혔다. 특히 반론에 대한 고려는 생각해보지도 못한 것이었다. 반론에 대한 고려는 자기 주장의 반대 주장을 생각해보고 상대방을 이해하면서 그 반론 꺾기를 해서 자기 주장을 확실하게 나타내는 것이다.

처음에는 반론에 대한 고려가 필요 없을 것이라는 생각이 들었다. 주장만 정확하게 전달해주면 그 내용이 듣는 사람의 머리에 남아 있을 텐데 반론에 대해 말하면 자기 주장이 약해질 것 같아서이다. 그런데 오히려 듣는 사람의 입장에서는 그렇지 않았다.

반론에 대한 고려가 없으면 조금 지루하고 너무 강하게 머리에 입력되어서 오히려 꺼려지는 경우가 있었다. 반면, 반론이 들어갔을 때는 '어 맞아 맞아. 저렇게 얘기하면 어떻게 할까? 아니 반론 꺾기, 아하! 그래서 저 아이의 주장이 옳구나. 왠지 내 마음이 저 아이 의견으로 쏠리는데?' 이렇게 되어버린다. 한마디로 6단 논법은 완벽한 논리가 되기 위한 요소이다.

나는 이 토론을 하면서 나의 작은 행동 하나하나에서도 변화를 찾아볼 수 있었다. 그것도 좋은 변화 말이다. 예를 들자면 누구와 누가 싸웠는데 내가 말리면서 6단 논법으로 정확하게 따지니까 아무 말 없이 나의 의견을 따라주었다. 확실히 효과가 있는 것 같았다.

또 어떤 글이든지 꼼꼼하게 읽게 되었다. 토론할 때 글을 읽는 것처럼 습관이 되어 항상 신중히 읽는다. 그것도 빨리. 그래서 이 글이 무엇을 말하고 싶어 하는지 금방 알 수 있게 되었다. 그뿐만 아니라 항상 생각, 생각, 또 생각하게 되었다. 이러면서 우리는 자신도 모르는 사이에 '언어 사고력' 이 길러진다고 한다. 즐겁고 많이 얻으니까 일석이조 아닌가?

토론은 진정 '머리 싸움'이다. 이렇게 보면 이렇고, 저렇게 보면 저렇게

얘기할 수 있는 게 토론이다. 토론은 어릴 때부터 교육 역할뿐만 아니라

어른이 되어서도 살아가는 데 큰 도움을 준다고 한다.

우리 형이 논술 수행평가가 있다고 한 적이 있었다. 나는 중학생인 우리 형이

조금이라도 더 좋은 점수를 받을 수 있도록 6단 논법을 가르쳐줬다.

형은 "알았어. 알았어." 하면서도 별로 관심이 없는 것 같았다. 그것이

얼마나 좋은지 모르고 있는 것 같았다. 우리 형뿐만 아니라 많은 사람이

이러지 않을까 하는 생각이 든다. 그래서 아쉽다. 그래도 노력하여 토론을

시작하면 그 반응은 다를 것이다. 오히려 매일 하자고 난리가 날 것이다.

(사실 내가 그렇다.)

토론 이야기라서 그런지 이 글을 쓰면서도 내 머릿속의 일꾼들(사고력)은

계속 활발하게 일을 하는 것 같다.

" 생각하는 힘을 기르는
토론이 되려면? "

　우리가 토론을 학습 방법으로 선택하는 목적은, 일관성 있게 이유를 제시하고 논증과 반박 및 자신의 주장을 설득시키는 연습을 통해서 참가자들의 생각하는 힘을 기르는 데 있음을 먼저 분명히 해야 할 것입니다.

　특히 토론을 처음 시작할 때 아이들에게 이 부분을 충분히 설명하면 아이들은 토론 공부의 목적을 제대로 이해하게 될 것이며, 도덕적인 가치 판단과 결부하여 억지 주장을 펴지는 않게 될 것입니다. 또한 판정 결과나 승부에 지나치게 집착하지 않는 현명함을 보여줄 것입니다.

　우리가 어떤 문제에 대해 자신의 생각을 3단계에서 나아가 6단계까지 정리하고 발전시키는 공부를 반복해서 하게 되면, 그것 자체만으로도 상당히 객관적이고 균형 잡힌 생각을 할 수 있게 됩니다. 그런데 그렇게 정리한 생각을 가지고 또 다른 관점에서 나름대로의 생각을 정리한 사람과 만나 토론을 하게 된다면 우리 사고의 폭은 분명 더욱 확산될 것이며, 보다 균형 잡힌 시각을 갖게 될 것입니다. 게다가 그러한 토론을 마치 게임처럼 규칙을 정하고 승패가 있는 경기로 즐기게 되면 어떨까요? 운동선수들이 충분한 개인 연습과 함께 상대를 정해 경기를 함으로써 실력을 비약적으로 발전시키듯이, 토론을 경기로 진행하면 우리 아이들에게도 진정 폭발적인 언어 능력의 발달을 기대할 수 있지 않을까요?

규칙이 있어야 해요

일반적으로 찬반 토론에서는 크게 두 가지 규칙이 있습니다. 하나는 '내용 전개의 규칙'이고, 나머지 하나는 '토론 절차에 있어서의 규칙'입니다.

내용 전개의 규칙에도 두 가지가 있는데, '주장을 펼 때는 주장의 이유를 대고 그 이유의 옳음을 설명해야 한다', 즉 주장의 6하 원칙에 맞추어 논리를 전개해야 한다는 것과, '토론에서는 반드시 찬성 측이 제시하는 이유를 반대 측이 집중적으로 비판해야 한다'는 것입니다. 만일 이 규칙을 어기고 반대 측이 찬성 측 이유를 비판하지 않는다면, 그것은 결과적으로 찬성 측의 이유가 옳다고 인정한 것이 되므로 찬성 측이 이기는 토론이 됩니다.

이 두 규칙이 내용의 전개 면에서 토론에 참가하는 모두가 지켜야 할 것이라면, 인원 수, 시간 규정, 발언 순서, 기회 등과 진행 방법, 심사 방법과 같은 것은 형식 면에서 토론 절차의 규칙이라고 할 수 있습니다. 이렇게 기본적인 규칙이 지켜지는 상황에서 각자가 자신의 의견을 밝히고 반박하는 토론이 이루어져야 합니다. 마치 일정한 규칙을 정해놓고 운동경기를 하는 것과 같다고 볼 수 있겠지요.

지켜야 할 예절도 있어요

학습의 한 방법으로 토론을 적용하려고 할 때 찬성과 반대의 입장 결정은 토론 참여자의 개인 견해와는 일치하지 않을 수도 있습니다. 그러나 주장이나 설명은 확실하고 분명한 사실에 근거하여 제시해야 하며, 토론과 상관없는 내용으로 상대를 비방하거나 인신공격을 해서는 안 됩니다. 구체적으로 지켜야 할 토론 예절을 정리하면 다음과 같습니다.

- 토론자는 성실하게 마련된 자료와 메모지, 필기도구를 준비해야 합니다.
- 토론이 시작되면 모든 규정은 사회자의 진행에 따라야 하며, 상대의 주의를 흩뜨리는 사소한 행동도 해서는 안 됩니다. 다만 사회자의 허락이 있을 때는 의견을 제시할 수 있습니다.
- 토론자는 원칙적으로 청중을 바라보며 주장을 전개해야 합니다.
- 바른 자세로, 준비된 자료만을 가지고 말해야 합니다.

- 상대방의 말이나 주장을 인용할 때도 올바로 듣고 정확하게 말해야 합니다.
- 토론자는 다른 연사가 발표할 때 얼굴을 찌푸리거나 고개를 갸우뚱거리는 등의 행위를 해서 상대방의 주의를 흐리게 해서는 안 됩니다.
- 토론자들은 어떤 경우에도 끝까지 예의 바르게 행동해야 합니다.
- 토론 자료를 사용할 경우에는 양 팀이 공동으로 쓸 수 있어야 하고, 일단 사용한 자료는 발표가 끝나면 청중의 시야에서 보이지 않도록 치웁니다.
- 토론회장에서 사회자는 정해진 규칙에 따라 공평하게 진행해야 합니다.

말하는 순서는 어떻게 정할까요?

토론의 발언은 '찬성 우선권'의 원칙에 따라, 반드시 찬성 발언이 먼저 있고 이어서 반대 발언이 있습니다. 찬성과 반대 발언이 각각 끝날 때마다 상대편에서 1명이 질의와 응답을 할 수 있습니다. 이렇게 찬성-반대의 대결을 1회전으로 하여 계속해서 2회전, 3회전으로 팀 토론을 전개할 수 있습니다. 그러나 마지막 발언은 반대 연사가 먼저 발언을 하고, 찬성 연사가 맨 나중에 발언하도록 합니다.

   발언은 한 사람마다 3~5분 또는 10분 등의 시간 제한을 두어 진행합니다. 이렇게 진행하면 정해진 시간 안에 자신의 생각을 논리적으로 정리하여 발언하는 훈련을 저절로 하게 되므로 발표력이 놀라울 정도로 향상되는 것을 볼 수 있을 것입니다.

그러나 우리 반 아이들도 토론 공부를 처음 시작했을 때 실제 발언 시간은 평균 10초 정도에 불과했고, 글자 수는 평균 212자였습니다. 아무리 6단계 원칙을 강조해도 생각하는 훈련이 되어 있지 않고 생각의 폭과 깊이가 얕은 상태였으니 너무나 당연한 결과였지만, 그 수업을 지켜본 우리 학교 선생님들은 모두 놀랐습니다. 6년이나 말하기·듣기 공부를 한 아이들의 수준이 이 정도였으니 놀랄 만도 하지요.

질문의 힘, 반전의 묘미

토론 진행의 효과를 높이기 위하여 한 학생의 발언이 끝나면 상대방 쪽에서 자유롭게 또는 미리 정해놓은 질문자가 제한된 시간 안에 질문을 하고, 거기에 대해 순서대로 대답을 해야 합니다. 이러한 순서와 절차에 따라 토론이 진행되므로 우리는 감정적인 대응이나 단순 질의응답식 토론과는 다른 토론 장면을 보게 될 것입니다.

볼테르는 "답변에 의해 사람을 판단하지 말고, 질문에 의해서 사람을 판단하라."고 했습니다. 저는 토론 시간에 특히 '질문의 힘'을 강조하며, 좋은 질문을 찾아낸 아이들을 많이 칭찬해주었습니다.

학교에 근무할 때 저는 질문하지 않는 교실이 바로 무너진 교실이 아닐까 생각하곤 했습니다. 그래서 공부를 시작하기 전에 늘 아이들에게 질문할 것을 찾아보라는 주문을 하곤 했습니다. 좋은 질문을 할 수 있다는 것은 풍부한 지식은 물론이고 예리한 판단력을 가지고 있다는 뜻이며, 무엇보다 상대의 이야기를 잘 들어야만 가능한 일이니까요. 또 질문할 것이 있다는 것은 더 알고 싶다, 더 공부해보고 싶다는 또 다른 표현이라 할 수 있으니, 학습을 위한 동기 유발로 이보다 좋은 방법은 없겠지요.

《질문의 7가지 힘》을 쓴 도로시 리즈는 제대로 된 질문이야말로 우리의 생각을 자극하고 정보를 얻게 하며, 생각에 통제가 되어 보다 합리적인 답이 나오게 한다고 했습니다. 게다가 상대방의 말에 귀를 기울이게 하고 마음을 열게 하며, 질문에 답하게 되면 스스로 설득이 된다고 주장합니다.

우리는 과연 질문 없는 수업과 배움을 생각할 수 있을까요? 토론 수업을 하면 이런 질문의 힘을 아이들이 스스로 느끼게 되어 질문이 쏟아지니, 수업이 얼마나 재미있고 활기찬지 모릅니다. 늘 말이 없지만 가끔 엉뚱하고 창의적인 생각으로 우리를 웃게 만든 태용이는 토론 공부를 하고 나서 일기에 이렇게 썼습니다.

토론 공부!
요번 한 해는 토론 공부로 상상력이 높아졌고 의문점이 많아졌다.
'왜 그렇게 되었을까?', '왜 저런 주장을 했을까?'
그래서 나빠진 것도 있었다.
너무 많은 것을 알려 해서 꾸지람 듣기도 했다.

참 어려운 판정과 심사

찬반 대립 토론을 할 때는 반드시 판정인이 있어야 하며, 판정 결과에 따라 토론의 승패를 결정짓게 됩니다. 이때 판정인이 하는 일을 '심사'라고 할 수 있는데, 심사는 판정 결과에 대하여 분명한 근거를 댈 수 있어야 하며, 일정한 원칙과 기준을 가지고 토론 전 과정의 논리성과 협동성을 평가할 수 있어야 합니다. 그리고 토론의 마지막인 정리 단계에서 승자와 패자에게 각각의 장점과 보완할 점을 들어 심사평을 할 수 있어야 합니다.

교실에서는 일반적으로 선생님들이 이 역할을 하게 되고, 참관하는 아이들은 부심사관으로 평가에 참여하게 됩니다. 그러나 부심사관의 판정 결과가 심사관의 판정 결과에 영향을 미치거나 반전시킬 수는 없습니다.

토론 지도를 하며 가장 힘들고 자신 없던 것이 바로 이 판정과 심사 부분이었습니다. 지금도 자신 없고 떨리기는 마찬가지입니다. 토론이 진행되는 동안 아이들의 발언 내용을 하나하나 메모하며 기준에 맞게 평가하는 일은 아무리 해도 익숙해지지 않고 진땀나는 일이었습니다. 아마 찬반 토론 지도를 처음 생각하는 지도자라면 누구나 맨 먼저 부딪히는 문제가 아닐까 합니다.

그러나 아이들이 심사평을 들으며 한 단계씩 쑥쑥 발전한다는 느낌을 받았으므로 결코 소홀히 할 수 없는 일이기도 했습니다. 그래서 저는 아이들에게 먼저 솔직하게 이해를 구해도 좋겠다는 생각이 들었습니다. 아이들과 함께 배우고 익힌다는 자세로 시작하면 그리 두려워할 일만은 아니겠지요. 그래서 오히려 제 자신이 더 많이 공부하게 되었으니, 어쩌면 좋은 일이라고 해야 할지도 모르겠습니다.

지나고 생각해보니 아찔한 생각이 들며 진땀이 나기도 합니다. '그땐 정말 아무것도 몰랐구나!' 하는 이 아득함. 정말 아무것도 모르면서 어떻게 그렇게 용감할 수 있었는지…. 하지만 또 생각해보니 제가 서툴러서 더 좋지 않았을까 하는 생각도 듭니다. 저도 잘 모르는 때였으니 장님이 장님 안내하듯이 어설프게 설명하고 이끌었을 텐데도, 아이들이 곧잘 알아듣고 토론하는 시늉이라도 하는 것이 얼마나 예쁘고 대견하게 여겨졌던지요. 저는 그 어느 때보다 진심어린 칭찬을 많이 해주었습니다. 조금만 잘해도 "그래, 바로 그거야.", "참 잘했다."라고 하니 아이들도 덩달아 신이 났던 게지요.

처음 토론 지도를 시작하는 분들이 참고할 만한 심사 원칙과 기준을 간단하게 소개해보겠습니다. 이는 질의응답식 토론의 경우이며, 토론이 익숙해진 다음에 적용할 수 있는 기준입니다. 처음에는 연사에 대한 심사만 간단히 해볼 것을 권합니다.

| 연사에 대한 심사 기준 |
- 이유가 타당하였나?

- 설명이 충분하였나?
- 반론 고려가 효과적이었나?
- 예외 부분을 고려하였나?
- 질문에 대비하여 충분히 준비하고 적합한 답변을 하였는가?
- 효과적으로 표현을 하였나? (토론에 임하는 태도를 평가할 때의 항목은 말의 빠르기, 목소리의 크기, 설득력 있는 몸짓이나 손짓, 상대를 응시하는 눈빛, 협동심, 성실성, 작전 시간을 활용하는 자세와 태도, 적절한 메모 활동 등)
- 발언자 또는 질문자로서 자신의 역할을 잘 알고 효과적으로 토론에 참여하였는가?
- 팀 협동이 잘 되었나?
- 작전 시간을 잘 활용하였나?

| 질문자에 대한 심사 기준 |

- 상대의 주장을 정확하게 이해하고 질문하였나?
- 상대의 주장에 결정적인 타격을 줄 수 있는 문제점을 찾아서 질의하였나?
- 질의의 표현이 효과적이었나? (상대로 하여금 '예', '아니요'라는 답변을 요구하는 질문이나 논제 이탈 여부, 주장과 답변과의 일관성을 묻는 등의 질문)

토론에 익숙해져서 잘하게 되면 심사 기준을 좀 더 자세하고 구체적으로 정하는 것이 좋습니다. 그러나 교실에서는 선생님 한 분이 이 모든 것을 해나가야 하므로 너무 많은 심사 기준은 오히려 모두에게 부담이 될 수도 있을 것입니다.

　무엇보다 중요한 것은 토론의 교육적 효과를 높이기 위하여 양측의 잘한 점을 칭찬하고 토론자들이 토론 과정에서 놓친 점을 일깨우며, 아쉬운 점에 대해서는 대안을 제시하여 올바른 판단력을 기르도록 돕는 일일 것입니다. 특히 교실에서 이루어지는 토론 학습에서는 토론자뿐만 아니라 질문자, 사회자, 부심사관 등 학급의 모든 아이들에게 역할에 따라 세심한 심사평을 할 수 있도록 배려해야 합니다. 그리고 토론을 통해 우리가 무엇을 배울 수 있었는지 되돌아볼 수 있도록 이끌어 더 나은 토론 능력 배양과 토론 문화를 지향하도록 하는 데 초점을 맞추어야 할 것입니다.

토론 결과, 꼭 교사가 정리해야 할까요?

토론의 승패는 토론자의 주장이 얼마나 논리적이고 설득력 있었는지를 따져 결정합니다. 그러므로 안건에 대한 토론의 결과가 실제 아이들의 가치관 형성 지도와는 다를 수도 있습니다. 이 점을 분명히 밝혀서 아이들이 혼란을 겪지 않도록 주의해야 할 것입니다. 아이들은 단순히 '이긴 쪽 의견이 옳은 의견'이라거나 '내 생각과 같은 의견이 좋은 의견'이라고 생각하기 쉬운데, 앞서 언급한 주의사항을 꼭 기억할 수 있도록 토론 시간마다 수업 마무리에서 강조해주는 것이 좋습니다.

"오늘 토론에서 찬성 팀이 이겼다고 찬성 팀 의견이 옳은 의견이라고 할 수 있을까요?"

"아뇨!"

선생님들 중에도 "토론의 결과가 교사의 가치관과 다르게 나올 때 교사가 어떻게 지도해야 하나요?"라는 질문을 많이 합니다. 이 질문과 관련하여 한 가지 꼭 유의해야 할 것은, 선생님들이 특정한 어떤 도덕적 가치를 강조하거나 자신의 견해를 지도하려 해서는 안 된다는 사실입니다. 토론은 생각하는 힘을 기르기 위해 하는 것이지 도덕적인 가치 판단 기준을 강조하거나 주입시키기 위한 것은 아니기 때문이지요.

선생님들은 도덕 수업 지도를 어려워하는 데 반해 아이들은 그 시간을 우습게 여기고 재미없어합니다. 그 이유는 대개 상식적이고 교과서적인 가치를 일방적으로 강조하는 데서 옵니다. 게다가 아이들에게는 '하라고 하면 싫어하고, 해서는 안 된다고 하면 더 하고 싶어 하는' 심리가 있으니까요.

가치 판단을 필요로 하는 다양한 갈등 상황을 두고 서로 다른 생각을 가진 친구들과 토론을 해보며 생각하는 힘을 기른 아이라면 훗날 어떤 상황에서도 지혜롭고 현명한 판단을 하게 될 것이라는 믿음을 갖는 것이 교사가 진정 해야 할 일이 아닐까요?

토론은 그 자체만으로도 사실 흥미진진한데, 만약 승패를 분명히 하는 게임으로 진행한다면 참가자들이 승리를 위해 지나치게 흥분할 수도 있고 결과에만 집착하는 모습을 보일 수도 있습니다. 그러나 토론은 승패를 결정하는 단순한 게임이 아니라 학습의 과정으로 수행되는 것이므로 교육의 목적을 효과적으로 달성하는 방향으로 진행되어야 하며, 토론에 의해 진행되는 학습이 최대한의 학습 효과를 낼 수 있도록 다음과 같은 방법과 절차로 지도해야 할 것입니다.

" 토론,
준비에서 마무리까지 "

주제, 충분히 이해해야 해요

먼저 토론자들이 주제에 대한 관심과 이해를 가지고 그 의미를 파악하여 왜 논쟁거리가 되었는지를 생각해야 합니다. 이 단계에서 교사는 그것이 우리 일상생활과 어떤 관계가 있으며 이론을 탐구하는 과정에서도 어떤 의미를 가지고 있는지 아이들이 깊이 생각해볼 수 있게 배려하고, 아이들이 자신의 경험과 연관짓는 과정을 거칠 수 있도록 이끌어주어야 합니다. 이때 아이들이 문제를 쉽게 이해할 수 있는 기준을 안내해주면 더 좋겠지요.

　문성훈 박사님은 '무엇이 효과적인가?', '무엇이 좋은가?', '무엇이 옳은가?' 이렇게 간단한 세 가지 기준을 제시했습니다. 토론의 주제로 어떤 문제가 주어졌을 때 대개 위 세 가지 경우에 대한 답을 찾아가는 과정이 바로 토론 준비 과정이 될 것입니다. 이것은 토론의 방향을 올바로 잡아준다는 점에서 중요한 제시라 할 수 있습니다.

'토론 주제를 무엇으로 할까?' 하는 것이 선생님들이 공통적으로 갖고 있는 부담인 것 같습니다. 학교에서 하는 토론이라면 되도록 토론이 가능한 과목이나 주제에서 안건을 찾아 수업의 일부분으로 활용하는 것이 좋겠지요. 사실 토론에 조금만 익숙해지면 아이들 입에서 "이걸로 토론하면 안 돼요?" 라는 말이 너무 많이 나와서 고민될 때가 오게 됩니다.

그리고 주제에 대한 학설이나 이론, 사례 연구를 개인이나 소집단별로 깊이 탐구할 수 있도록 구체적으로 안내해주면 좋습니다. 안내자로서의 교사 역할이 기대되는 부분이라 할 수 있겠지요. 그래서 교사란 한 분야를 깊이 아는 것도 중요하지만 다양한 분야를 폭넓게 아는 것도 중요하다는 생각이 듭니다.

아는 만큼 보여요

토론자들이 주제와 관련된 정보들을 체계적으로 수집하고 가능한 한 많은 이론과 지식을 폭넓게 정리하여 자신의 주장을 뒷받침할 수 있도록 도와주어야 합니다. 교사는 이 단계에서 아이들이 단순한 주장의 나열에 그치지 않고 주제와 관련된 지식을 찾아내 조직하고 분석하는 경험을 스스로 할 수 있도록 질문하고 격려하는 역할을 하는 것이 좋습니다.

많은 선생님들께서 토론을 위한 준비는 얼마나 되어야 하는지, 반드시 과제로 내야 하는지, 준비 기간은 얼마나 필요한지에 대해 질문하시는데, 여기에 반드시 정해진 기준이 있는 것은 아닙니다. 안건에 따라 즉석에서 잠깐 준비해서 할 수도 있고, 폭 넓은 자료와 준비가 필요한 안건이라면 일주일에서 한 달까지도 연구 시간을 줄 수 있을 것입니다.

굳이 단계를 정해본다면, 토론을 처음 배우고 가르칠 때는 읽기 자료를 가지고 그 자리에서 바로 안건을 찾아 간단한 토론을 해보게 한 뒤 판정까지 하는 것이 효과적이었습니다. 그 다음 몇 번은 안건을 예고한 후 하루나 이틀 정도 시간을 주어 준비하게 한 다음 토론 수업을 해보고, 어느 정도 익숙해지면 일주일 정도 간격을 두는 것이 좋습니다. 모둠별 토론 대회나 학급 대항 토론 대회 때는 좀 더 많은 시간이 필요하겠지요.

저는 우리 반에서 학교 토론 대회를 앞두고 토론 준비를 하는 과정에서, 한 달 동안이나 밤늦게까지 학교에 남아 흥미진진하게 연구에 몰두하는 아이들을 본 적이 있습니다. 10분짜리 발표를 위해 한 달 동안 책을 찾고, 전문가와 필자에게 직접 전자우편을 보내고, 답을 받아 정리하는 모습을 옆에서 지켜보며 제가 한 일은 그저 어깨 너머로 봐주거나 틈틈이 질문하는 것뿐이었습니다. 애써 준비했지만 제가 던진 단 한 번의 질문으로 완전히 무너져버린 어설픈 논리를 안고 다시 몇 날 며칠을 끙끙대는 아이들을 보면서 저는 오히려 신기할 따름이었습니다.

'무엇이 아이들을 저토록 몰입하게 하는 걸까?'

시간이 지나면서 조금씩 논리를 갖추게 되고, 구체적인 질문에도 당황하지 않고 자료까지 제시하며 답변을 하는 아이들이 하나 둘 늘어갔습니다. 제가 질문할 것을 미리 예상하고 준비할 수 있는 수준이 되면 그때부터는 스스로 연구하여 발표하게 되었습니다. 결국 토론 대회에 임박해서는 아이들끼리 질문하고 답변하는 놀라운 모습을 보여주었습니다.

이런 아이들을 곁에서 지켜보며, 저는 토론과 같은 의미 있는 활동을 위해 선택되고 조직된 지식들은 수동적이고 단편적으로 주입된 지식들과는 많이 다르다는 것을 새삼 깨닫게 되었습니다. 연구라는 것은 구체적인 문제의식과 강한 동기에 의해서 체계적으로 이루어지기 때문이지요. 함께해준 아이들에게 정말 고마워해야 할 일이었습니다.

그런데 이것이 교실에서만 가능한 일이었을까요?

학교를 그만두고 서울로 이사를 온 후 나가게 된 도서관에서 '한 도서관 한 책 읽기' 행사의 하나로 토론 교실을 연 적이 있습니다. 광진구의 초등학교 5, 6학년 중에서 지원한 아이들 20명을 모아 2주 동안 토론하는 법을 가르치고, 마지막 날 토론하는 모습을 공개하는 형식으로 진행되었는데, 그때도 아이들이 보여준 열정과 몰입은 감탄할 정도였습니다. 고작 2주 동안(물론 일주일에 3회, 한 번에 2~3시간씩 집중적으로 하였지만) 토론 공부를 한 5, 6학년 아이들이 자신의 주장을 논리정연하고 설득력 있게 펼치는 모습을 보고, 토론을 어떻게 하는지 구경 온 아이들과 어른들 모두 상당히 놀라워했습니다.

토론 대회가 끝나고 난 뒤 "얼마나 공부하면 저렇게 잘할 수 있어요?" 하고 묻는 아이들도 있었고, 공부도 숙제도 시켜야만 마지못해 하던 아이가 토론 대회를 준비하면서 스스로 자료를 찾는 모습을 보고 "세상에 어떻게 이런 일이 있을까요?"라며 계속 아이에게 토론 지도를 해달라고 요청하는 학부모님도 있었습니다.

한편 토론에 참가한 아이들 중에는 어떻게 자료를 찾아야 할지 몰라 우왕좌왕하는 아이들도 있었고, 찾아놓은 정보와 자료가 너무 많아서 오히려 꼭 맞는 자료를 찾아내는 데 어려움을 겪는 아이들도 있었습니다. 한 번은 토론 준비에 필요하다며, 제일 정확한 백과사전을 어서 내놓으라고 하여 저를 난감하게 만든 아이도 있었습니다.

하지만 이 모든 과정들이 아이들에게는 즐거운 어려움이 아니었을까 싶습니다. 살아가며 많은 즐거움을 경험하겠지만, 새로운 것을 알아가는 즐거움만큼 큰 것도 흔치 않을 테니까요.

토론 준비, 어렵지 않아요

주제에 대한 이해, 그리고 관련된 지식과 정보가 잘 정리되었으면 이제 토론을 위해 새롭게 전략적인 준비에 들어갑니다. 상대방에 대해서는 논박이 불가능할 정도로 주장의 근거를 사실적으로 밝히거나 증거 자료를 제시하고, 판정인이나 방청인에 대해서는 주장하는 바가 최대한 설득력을 지닐 수 있도록 친절하게 설명해야 할 것입니다. 이때 교사는 토론자가 자신의 주장을 펴는 전략을 세우거나 상대방으로부터 예상되는 반론에 대해 사전에 준비할 수 있도록 질문을 던지고, 같은 토론자들과 협동하여 일관성 있는 논리를 펴도록 지도할 수 있으면 좋겠습니다.

흥미진진, 토론하는 교실

이렇게 준비한 토론의 현장은 긴장과 흥미가 함께 어우러진 사고력 형성의 장이 될 것입니다. 준비하고 계획한 대로 잘 진행될 때도 있고 생각했던 것과는 다른 결과가 나올 수도 있겠지만, 우리 아이들은 토론을 통해 상대 팀의 반론이나 질문에 능숙하게 대응하는 순발력과 유연성을 익히고 배우게 될 것이며, 상대 팀의 공격적인 발언에 대해 인내하고 자제하며 서로를 정중하게 대하는 것도 경험하게 될 것입니다. 또한 같은 팀 토론자들이 실수했을 때 오히려 격려할 줄 아는 관용의 태도와 협동 능력을 배우게 되는 진정한 학습의 장이 되기도 합니다.

결과 분석과 반성도 빠뜨리지 마세요

토론의 결과에 대해 돌이켜보는 것은 매우 중요합니다. 성공이든 실패든 그 원인을 검토해보고, 토론 자체에 대해서도 평가해보는 기회를 가져야 합니다. 토론을 위해 준비한 자료의 적절성에 대한 반성과, 토론자가 발언한 내용에 대한 진지한 검토가 있어야겠지요. 궁극적으로는 우리가 토론을 통해 무엇을 배웠는지를 생각해보는 기회가 되면 좋겠습니다. 대개 능숙한 사회자가 있으면 판정인이 심사 결과를 정리하는 동안 인터뷰 형식으로 진행하기도 하는데 이 시간이 제게는 가장 기억에 남고 감동적인 순간이었습니다.

토론을 통해 어떤 새로운 내용을 알게 되었으며 무엇이 바람직한 결론인지를 함께 생각해보는 것은 이 수업이 가지는 큰 장점이라 할 수 있습니다. 대립 토론을 했지만 그것이 단지 승패를 결정짓는 경기가 아니라 토론을 통해 서로를 성숙시키는 기회였다는 것을, 토론에 참여한 우리 모두가 깨닫게 해준 시간이기도 했습니다. 다음에는 무엇을, 어떻게 준비해야 하는지 생각하고, 또 한편으로는 미처 다 보여주지 못한 아쉬움을 간직하며 "다음 토론은 언제 해요?"라고 손꼽아 기다리는 아이들의 모습도 즐거운 변화 중 하나였습니다.

토론, 마무리가 중요해요

우리 반에서는 토론의 마무리를 글쓰기로 했습니다. 토론에서의 찬성, 반대와 상관없이 이제는 자신의 신념과 철학에 따라 주장을 제시하고, 그 근거를 대며 논리를 전개해 나가는 시간을 가진 것입니다. 토론에 직접 참여하지 않은 아이들도 모두 써야 했으며, 가능하면 6하 원칙에 따라 자신만의 입장을 쓰도록 했습니다. 이때는 모두가 찬성이어도 좋고 모두가 반대여도 상관없습니다. 토론하기 전과 후에 생각이 달라졌다면, 그런 경우야말로 정말 좋은 토론이었다고 할 수 있겠지요. 그것이 우리가 토론을 하는 진정한 목적이기도 할 것입니다.

저는 아이들이 써낸 글을 모두 읽어보고 내용 구성과 논리적인 전개, 창의적인 생각의 유무에 따라 평가한 뒤 아이들에게 읽어주기도 하고, 주간 학급신문에 실어 함께 읽기도 했습니다. 토론에 참여하지 않은 아이들의 글에서, 평소에 발표도 잘 하지 않고 말도 없는 친구에게서 놀라운 생각과 변화를 발견했을 때 학급 아이들 모두가 진심으로 기뻐해주는 것도 참 예쁜 모습이었습니다.

경북대 김두식 교수님의 《헌법의 풍경》이란 책이 있습니다. 토론에 관한 책들을 읽다가 우연히 발견한 것인데, '법'이라고 하면 무조건 어려운 것, 가능하면 가까이 하고 싶지 않은 것으로 생각해온 제가 단숨에, 그것도 아주 재미있고 신나게 읽어 내려간 멋진 책입니다. 그 안에서도 특히 저자가 우여곡절 끝에 미국 코넬대 법과대학원에 진학하여 공부할 때의 회상 부분이 인상적이었습니다. 저는 "바로 이거였네!" 하면서 정말 재미있게 읽었으며 주변 사람들에게 자주 읽어주기도 했습니다.

미국 법과대학원의 수업은 여러모로 인상적이었습니다. 이미 널리 알려져 있다시피 그곳의 수업은 교수가 일방적으로 강의하고 학생들은 그걸 받아 적어 암기하는 식으로 진행되지 않습니다. 학생들은 미리 공지된 교과서의 판결들을 읽고 충분히 이해한 다음 수업에 들어가야 합니다. 교수들은 그 판결들을 중심으로 학생들과 묻고 대답하고 토론하며 수업을 진행하지요. 학생들의 대답에 따라 강의 방향은 얼마든지 달라질 수 있습니다.

특히 '수정헌법 제1조'를 가르치던 스티븐 쉬프린 교수는 이와 같은 수업을 능수능란하게 이끄는 노련한 싸움꾼이었습니다. 표현의 자유와 관련된 다양한 관점을 학생들에게 가르치기 위해 그는 언제든지 자신의 입장을 바꾸었습니다. 질문을 받은 학생이 진보적인 입장에 서면 쉬프린 교수는 보수적인 관점에서 학생의 의견을 반박해 들어갔습니다. 학생이 보수적인 입장에 서면 쉬프린 교수는 눈 하나 깜짝하지 않고 진보파로 입장을 선회했습니다. 질문하고 답하고, 또 질문하고 답하다 보면 궁지에 몰린 학생은 온갖 희한한 이론을 만들어내게 됩니다. 말도 안 되는 자기 논리에 어색한 웃음을 짓던 학생은 다음 시간에 교수를 공략하기 위해 더욱 날카로운 칼을 준비합니다. 그러나 논쟁은 대개의 경우 쉬프린 교수의 승리로 끝나곤 했습니다. 수십 년 동안 그런 학생들만 전문적으로 다뤄온 교수는 어떤 답변에서도 허점을 찾아낼 수 있었습니다.

한 학기 내내 그렇게 질문과 대답이 오가다 보면 학생들은 나름대로 자기 관점의 약점과 강점을 알게 됩니다. 학기 초에는 아주 진보적이던 학생이 학기 말쯤 되면 입장을 바꾸기도 하고, 그 반대의 경우도 생깁니다. 나중에는 교수가 학생에게 "자네 언제 민주당에서 공화당으로 귀순했나?" 같은 농담도 건네게 되었습니다. 학기가 끝날 때쯤에는 자신이 읽어야 할 판례들뿐만 아니라 유럽의 비슷한 사례들을 찾아와서 교수의 뒤통수를 치는 우수한 학생들도 간간이 눈에 띄었습니다. 제가 답변자로 지적되어 버벅거리는 일만 생기지 않으면 한 학기 내내 마치 스포츠 경기를 보는 것처럼 즐길 수 있는 것이 이 수업이었습니다.

보통 소크라테스식 강의라고 불리는 미국 법과대학원 수업 방식은 이처럼 미리 정답을 설정하지 않고 교수와 학생 사이에 오가는 대화와 토론을 통해 학생들의 논리적 사고를 증진시키는 것입니다.

토론을 해보면 알게 됩니다. 같은 주제를 두고 사람들은 저마다 얼마나 다양한 생각을 할 수 있는지, 또 얼마나 여러 가지 방법으로 이해할 수 있으며 어떤 근거가 그 주장들을 뒷받침하고 있는지 폭넓게 경험하게 됩니다.

이러한 토론 과정을 경험한 뒤 우리가 어떤 문제에 대해 자신의 입장을 갖게 되었을 때라야 비로소 그것을 독창적인 자신만의 주장이라 할 수 있지 않을까요?

" 토론의
형식과 종류 "

토론은 크게 '응용 토론'과 '교육 토론'으로 분류합니다.

응용 토론은 특별한 관심이 있는 주제를 가지고 일정한 규칙 아래 판정인과 청중 앞에서 이루어지는 토론으로 특별 토론, 사법 토론, 의회 토론, 비공식 토론이 여기에 해당합니다.

교육 토론은 학생들에게 토론 교육의 기회를 제공하기 위해 교육기관의 지도 아래 이루어지는 모든 토론을 말합니다. 여기서는 교육 토론의 형식과 종류에 대해서 소개하겠습니다.

단식 토론과 복식 토론

토론은 찬성 1명과 반대 1명이 대결하는 단식 토론이 있고, 양쪽에서 각각 2명 이상이 찬성과 반대가 되어 차례대로 엇갈리게 진행하는 복식 토론이 있습니다.

　단식 토론법은 학생과 교사 사이, 또는 학생과 학생 사이에 찬성-반대의 대결로 진행합니다. 이 방법은 어떤 안건에 대한 복식 토론에 들어가기 전에 교사나 지도자의 찬성 또는 반대 이유와 설명을 듣고 학생들의 반대 주장을 한 사람씩 말하는 것입니다. 또는 연쇄적으로 각각 찬성-반대를 말하도록 할 수도 있을 것입니다. 이 방법은 일반적으로 교실에서 수업 시간에 널리 이용되는 방법이기도 합니다. 대개 수업 시작 단계에서 교사와 학생들이 질의응답을 주고받듯이 할 수 있으며, 처음 토론을 공부할 때 6하 원칙에 맞추어 자신의 주장을 펴는 연습을 하는 데 유용하고 재미있는 방법입니다. 이러한 단식 토론 연습을 충분히 한 후에 복식 토론을 연습하는 것이 좋습니다.

　복식 토론법은 찬성 연사 2명과 반대 2명, 또는 찬성 연사 3명과 반대 3명으로 구성하고 1, 2, 3회전으로 나누어 진행합니다. 각 연사에는 상대 쪽의 질문자가 한 명씩 따를 수도 있습니다.

　토론은 반드시 찬성 발언이 먼저 있고 이어서 반대 발언이 있습니다. 찬성과 반대 발언이 각각 끝날 때마다 상대 쪽에서 1명이 질의하고 그에 대해 응답할 수도 있습니다. 이렇게 찬성-반대의 대결을 1회전으로 하여 계속해서 2회전, 3회전으로 팀 토론을 전개할 수 있습니다. 그러나 마지막 발언은 반대 연사가 먼저 발언을 하고 찬성 연사가 맨 나중에 발언하도록 합니다.

발언을 할 때 3~5분 정도 시간 제한을 두어 진행하므로 정해진 시간 안에 자신의 생각을 논리적으로 정리하여 발표하는 훈련을 저절로 하게 될 것입니다. 그러기 위해서는 사전에 충분한 생각과 준비가 있어야겠지요.

토론 진행의 효과를 높이기 위하여 한 학생의 발언이 끝나면 상대방 쪽에서 자유롭게 또는 미리 정해놓은 질문자가 정해진 시간 안에 질문을 하고, 거기에 대해 미리 정해놓은 시간 안에 정해진 순서대로 대답을 해야 합니다. 이러한 순서와 절차에 따라 토론이 진행되므로 감정적인 대응이나 단순 질의응답식 토론에 대해서는 걱정하지 않아도 된답니다.

즉석 토론과 정규 토론

2명이 1대 1로 맞대결을 펼치는 단식 토론과 2명 이상이 한 편이 되어 대결을 펼치는 복식 토론은 다시 즉석 토론과 정규 토론으로 나눌 수 있습니다. 즉석 토론은 단식이든 복식이든 토론에 참가할 희망자 중 즉석에서 호명된 순서대로, 그 자리에서 찬성과 반대의 입장이 되어 토론을 펼치는 것입니다.

거기에 비해 정규 토론은 토론 주제나 안건을 미리 공개해서 주제에 대해 연구하고 준비하는 과정을 거칠 수 있게 합니다. 이때 토론 대회로 진행하는 경우에는 토론 주제를 공개하여 준비하게 하고, 토론 현장에서는 주제와 관련된 안건을 선정하여 일정한 준비 시간을 가진 후 절차에 따라 조직적으로 토론을 전개하기도 합니다.

대집단 토론과 소집단 토론

참가하는 집단의 크기나 목적에 따라 대집단 토론과 소집단 토론으로 나눌 수도 있습니다. 토론이라 하면 찬반 토론만 생각하기 쉬운데 꼭 그런 것은 아니겠지요. 아이들에게 참고 자료로 제시하여 서로 견주어볼 수 있도록 몇 가지만 소개합니다.

대집단 토론에는 주제에 밝은 전문가를 초청하여 참석자들이 서로 대화를 나누는 비형식적인 토론인 세미나, 집단 구성원이 많아서 발언 기회가 적을 때 몇 명의 대표자를 배심원으로 선정하여 단상에서 토론하게 하고 다른 사람들에게 공개하는 패널 토론, 논제에 대해 찬성과 반대 두 집단으로 나누어 각 집단의 주장과 견해를 전개하는 찬반 토론, 참석자들이 같은 문제에 대해 서로 다른 의견을 발표하고 사회자와 청중으로부터 질문을 받는 형식인 강단식 토론, 어떤 문제에 대해 그 방면의 권위자나 전문가를 초청하거나 현장에 가서 문제에 대한 의견을 듣고 질의응답을 하는 대화식 토론 등이 있습니다.

그에 비해 소집단 토론에는 10명 이내의 구성원이 자유롭게 아이디어를 내고 그 내용을 종합하는 브레인스토밍, 구성원 모두가 테이블 주위에 앉아 좌담 형식으로 자유롭게 발언하며 청중과도 대화를 나누는 비형식적 토론인 원탁 토론, 몇 개의 그룹으로 나누어 자주적으로 특정한 작업과 토론을 전개하여 실과나 기술, 미술의 공동 작업, 모형 만들기, 계획서 꾸미기, 보고서 작성하기 등에 활용하는 워크숍 토론 등이 있습니다.

어떤 토론이든 형식과 종류에 관계없이 먼저 준비해야 할 것은, 토론에 참여하는 토론자들이 '얼마나 논리적이고 설득력 있는 주장을 준비하는가'에 달려 있겠지요. 그러므로 찬반 토론을 통해 생각하는 힘을 기르는 것은 모든 토론 준비의 기본이라 할 수 있을 것입니다.

토론자들의 역할과 토론 전개 원칙

발언자들의 역할 분담, 협동은 기본

찬반 토론에서 일반적인 토론자들의 역할은 다음과 같습니다.

| 찬성 1번 토론자의 역할 |

- 안건을 분석해서 안건의 개념을 정의합니다.
- 토론의 중심 내용과 이유를 적어도 두 가지 정도 제시합니다.
- 이유 중 한 가지를 충분히 전개합니다.
- 토론 내용 속에 상대방에게 대답을 요구하는 질문을 포함할 수도 있습니다.
- 내용을 종합합니다.

'안건의 정의'에서는 안건에 대한 사전적인 정의와 다양한 각도에서의 해석을 시도한 뒤, 그중 한 가지를 채택하면서 이유를 설명하게 됩니다. '중심 내용'은 찬성 측에서 왜 찬성하는가를 표현한 것이며, 이유를 적어도 두 가지 이상으로 전개합니다. 자신이 하나를 자세히 설명하고 찬성 2번 토론자에게 다른 하나를 넘기기도 하며, 종합은 생략할 수도 있습니다.

| 반대 2번 토론자의 역할 |

- 찬성 1번의 안건 개념 정의와 분석에 대한 찬반 토론을 합니다(의견의 차이를 분명히 해서 그것에 대해 토론을 전개합니다).
- 반대 입장의 중심 내용과 이유를 적어도 두 가지 이상 제시합니다.
- 이유 중 한 가지를 충분히 전개합니다.
- 토론 내용 속에 상대방에게 대답을 요구하는 질문을 포함할 수도 있습니다.
- 내용을 종합합니다.

반대 1번 토론자는 시간 배정을 잘해야 하는데, 찬성 팀의 발표 내용에 대해 절반 이상의 시간을 쓰면 자신의 의견을 밝히는 데 시간이 모자라게 됩니다.

찬성 1번 토론자의 안건 개념 정의와 분석을 판단하여 이상이 없으면 받아들이고, 그렇지 않으면 이의를 제기하고 수정을 제안하여 자신들의 주장을 밝힙니다. 이때 찬성 팀의 주장을 꺾으면 토론의 주도권을 잡을 수 있습니다. 그러나 실제 토론에서는 찬성 팀의 주장을 미리 알 수 없는 상태에서 전개되므로, 찬성 팀의 주장을 듣고 그 자리에서 반박하며 반론을 펴기 위해서는 대단한 재치와 충분한 배경 지식이 있어야 할 것입니다.

만약 찬성 토론자가 내놓은 이유를 꺾었다면 이제는 안건의 새 개념 정의와 분석 내용을 앞세워야 할 것입니다. 이렇게 되면 다음 찬성 토론자는 어쩔 수 없이 반대 팀의 주장을 그대로 수용할 수밖에 없을 것입니다. 이런 면은 심사에 영향을 주어 판단의 근거가 될 것이며 승패에도 영향을 줄 수 있습니다. 이제는 종합하기보다 찬성 토론 내용과 반대 토론 내용을 서로 견주어가면서 반대 측에 유리하도록 결론을 내면 됩니다.

| 찬성 2번 토론자의 역할 |

- 반대 팀에서 제기한 안건 개념 정의와 분석 내용을 토대로 반박합니다.
- 질문자의 질문 내용에 대해 답변합니다.
- 찬성 1번 토론자의 주장도 받아서 다룹니다.
- 찬성 1번 토론자가 넘겨준 두 번째 이유에 대해 다룹니다.
- 내용을 종합합니다.

만약 반대 1번 토론자가 찬성 1번 토론자의 발표 내용을 분석하여 토론의 주도권을 반대 측으로 가져갔다면, 그것을 다시 가져오는 데 시간을 절반 이상 사용해야 할 때도 있습니다.

위에서 만약 반대 토론자의 발언을 반박할 수 있으면 토론의 승세는 이때부터 찬성 측으로 기울게 됩니다. 만일 이때 2번 토론자가 확실히 반박하지 못하면 나머지 찬성 토론자에게 큰 부담을 주게 될 것입니다. 그러므로 반드시 찬성 토론자가 발표한 중심 내용과 이유를 간단히 언급하고 자신의 설명을 이어가면서, 팀이 일관된 주장을 하고 있음을 보여주어야 합니다. 종합은 시간에 따라 할 수도 있고 하지 않을 수도 있습니다.

| 반대 2번 토론자의 역할 |

- 질문자의 질문 내용에 대해 답변합니다.
- 반대 1번 토론자의 주장을 받아서 두 가지 이유 중 두 번째 이유를 자세히 설명합니다.
- 내용을 종합합니다.

앞서 발언한 찬성 토론자의 내용을 듣고 직설적으로 반박하여 제압할 수 있다면 시간을 잘 안배하여 반대 팀 쪽으로 승리를 이끌어낼 수 있습니다.

찬성 토론자의 발언을 받아서 반박할 때는 반대 1번 토론자가 찬성 1번 토론자의 내용을 반박한 내용과 그것을 다시 뒤집으려는 찬성 2번의 노력을 분석해서 강력하게 반대 입장을 이끌어야 합니다. 이때 반박에 너무 많은 시간을 쓰게 되면 반대 1번이 넘겨준 두 번째 설명 기회가 없어질 수도 있으므로 주의해야 합니다.

| 반대 3번 토론자의 역할 |

- 질문자가 있는 토론의 경우 찬성 2번 질문자의 질문 내용에 대해 답변합니다.
- 반대 1, 2번 토론자의 주장을 받아서 찬성 주장과 견주어 강조합니다.
- 반대 팀 의견을 종합합니다.
- 종합 결론 (단 4차 접전이 있을 때는 종합 결론을 생략합니다.)

반박은 반대 팀 쪽이 먼저 합니다. 즉 2차 접전을 끝내는 반대 측 2번 토론자에 이어서 반박이 시작되는데 반박은 먼저 반대 팀의 3번 반박 토론자가 합니다.

먼저 찬성 팀의 주장을 종합하면서 문제점을 지적해서 타당성을 무너뜨린 다음 반대 팀 주장을 종합하면서 자기 팀의 주장을 강화할 수 있습니다. 여기서 주의할 것은 반박 토론자는 새로운 논증이나 설명을 내놓을 수 없으며 이미 진행된 토론을 갖고 상대를 반박해야 합니다.

|찬성 3번 토론자의 역할|

- 반대 2번 질문자의 질문 내용에 대해 답변합니다.
- 찬성 1, 2번 토론자의 주장을 받아서 반대 주장과 견주어 강조합니다.
- 찬성 팀 의견을 종합합니다.

앞에서 이야기한 반대 3번 반박 토론자와 비슷하게 진행하면 됩니다. 단 마지막 연사로서 반대 3번 반박 토론자의 토론을 반박할 수 있고, 토론 전체를 마무리 짓는 입장의 '종합 결론'을 내릴 수 있는 장점이 있습니다. 그러나 4차 접전까지 예상한 토론이라면 정리는 4차 발언자가 하도록 합니다.

|반대 측 정리|

반대편 토론자는 지금까지의 발제와 논박으로 행한 모든 발언이 상대방을 압도하였다는 것을 다시 한 번 밝혀주어야 합니다. 그러자면 반대 팀의 주장은 찬성 팀의 주장과 어떻게 다르며, 왜 자기 팀의 주장이 더욱 진실하고 타당한가를 청중과 심판과 상대에게 잘 정리해서 보여주어야 합니다.

먼저 양측의 논지를 요약해서 대조시키고 중요한 논점들을 언급하면서 주장의 차이점을 밝히며, 자기편의 주장이 어떤 점에서 강점을 지니는가를 명백히 제시하면 됩니다.

| 찬성 측 정리 |

　일반적으로 대립 토론에서는 의제를 찬성하는 편에 서는 것보다는 반대하는 편에 서는 것이 다소 유리하다고 할 수 있습니다. 찬성 편에서 주장하는 것 중에서 어느 하나라도 치명적인 타격을 입으면 반대 편이 승기를 잡기 때문입니다. 그래서 반대 편에 마지막 토론 기회를 주면 찬성 편은 타격을 입은 채로 끝날 수밖에 없을 것입니다.

　그러므로 마지막 발언 기회를 찬성 편에 주어 전면적으로 방어할 수 있도록 하는 것이 일반적인 관례입니다. 이러한 배려로 주어지는 찬성 팀의 마지막 정리를 맡은 토론자는 찬성 팀의 발제부터 반대 팀의 정리에 이르기까지의 전반적 과정을 요약하고, 반대 팀의 주장들이 주제의 불합리성을 알리는 데 왜 실패했는가를 밝히며, 다시 한 번 찬성 팀의 논지를 내세우면서 토론을 끝내야 합니다.

질문, 이렇게 해봐요

보통 사람들이 토론하는 도중에 던지는 질문은 문제에 대해 무엇을 생각하고 어떻게 행동해야 하는지와 관련이 있습니다. 따라서 다음 질문 요령을 익히고 토론에 참여하면 좋습니다.

- 상대 팀의 주장을 잘 듣고 논리의 허점을 잘 찾아내서 간단하고 분명하게 질문합니다.

- 질문은 토론 중인 안건과 관련된 것만 하고 가장 핵심적인 것 1~2가지 정도로 요약합니다.
- 질문 내용은 팀원이 의논하여 결정하고 질문자가 질문합니다.
- 질문자는 질문만 할 수 있고 어떤 주장이나 설명을 할 수는 없습니다.

토론 학습의 모형

여기에서는 학급에서 가장 많이 쓰이고 있는 토론 모형인 '표준 토론'과 '질의 토론'에 대해 소개합니다.

표준 토론

일반적으로 학급에서 정규 토론을 연습할 때 사용할 수 있는 토론 방법입니다. 1, 2, 3차 접전으로 이루어지며 필요에 따라 4차 접전을 가질 수도 있는데, 4차 접전을 가질 때에는 대개 1차 접전 토론자들이 4차에서 마지막 접전을 벌입니다. 그러나 4차 접전 토론자를 별도로 정하여 처음부터 4인조 팀을 만들 수도 있습니다.

- 1차 접전 : 찬성 1번 토론자 발언 (5~10분)

반대 1번 토론자 발언 (5~10분)
- 2차 접전 : 찬성 2번 토론자 발언 (5~10분)

  반대 2번 토론자 발언 (5~10분)
- 3차 접전 : 반대 3번 토론자, 찬성 측 논증을 반박 (3~5분)

  찬성 3번 토론자, 반대 측 논증을 반박 (3~5분)
- 4차 접전 : 반대 1번 또는 4번, 찬성 측 논증을 반박 (3~5분)

  찬성 1번 또는 4번, 반대 측 논증을 반박 (3~5분)

이 토론 방법은 주장의 6하 원칙을 처음 배우고 익힐 때 적용해보면 좋습니다. 제 경험으로는 원칙을 지키면서 자신의 주장을 펼치는 연습을 할 때 효과적이었습니다. 그러나 여러 번 반복하면 아이들이 지루해하므로, 어느 정도 토론 연습이 진행된 뒤에는 질문자가 있는 질의 토론을 하는 것이 아이들을 긴장시키고 수업에 적극 참여하게 하는 데 효과적이라고 생각합니다.

질의 토론

토론을 할 때는 다양하고 새로운 방법을 도입해서 전개하는 것이 좋습니다. 왜냐하면 새로운 시도가 참관자들의 흥미를 더 유발시킬 뿐만 아니라 토론자의 능력 향상에 도움이 되기 때문입니다. 질의 토론 방식은 '질의'가 있기 때문에 미국에서는 전통적인 표준 토론보다 더 많이 시행

되고 있습니다.

- 1차 접전 : 찬성 1번 토론자 발언 (5~10분)

  반대 1번 토론자 질의 (3분)

- 2차 접전 : 반대 1번 토론자 발언 (5~10분)

  찬성 1번 토론자 질의 (3분)

- 3차 접전 : 찬성 2번 토론자 발언 (5~10분)

  반대 2번 토론자 질의 (3분)

- 4차 접전 : 반대 2번 토론자 발언 (5~10분)

  찬성 2번 토론자 질의 (3분)

- 5차 접전 : 반대 1번 토론자, 찬성 측 논증을 반박 (4~6분)

  찬성 1번 토론자, 반대 측 논증을 반박 (4~6분)

- 6차 접전 : 반대 2번 토론자, 찬성 측 논증을 반박 (4~6분)

  찬성 2번 토론자, 반대 측 논증을 반박 (4~6분)

강의 시간에 선생님들께 이런 토론의 형식과 규칙을 소개하면 대부분은 눈으로 보기만 해도 질린다고 말씀하십니다. 아이들에게도 이 형식과 규칙을 먼저 가르치려고 하면 토론을 시작하기도 전에 지쳐서 흥미를 잃고 도망가겠지요.

이 토론의 형식과 규칙은 김병원 박사님의 《생각의 충돌》에서 필요한 부분만 정리한 것이며, 우리 학급에서는 이 기본 모형을 응용하여 주제나 안건에 따라 늘 조금씩 달리했음을 밝혀둡니다. 가능하면 형식과 절차에 지나치게 얽매이기보다는, 아이들의 학습 동기를 불러일으키고 몰입을 유도할 수 있는 참신하고 다양한 주제로 직접 토론해보는 것에 목적을 두면 좋을 것 같습니다.

아이들이 좋아하는 놀이나 운동경기를 교사가 간단한 방법만 알려준 뒤 해보게 하면 얼마 지나지 않아 아이들 스스로 규칙이나 반칙의 종류까지 정해가며 공정하게 진행하는 모습들을 보게 됩니다. 토론도 마찬가지가 아닐까 합니다. 처음에는 생각하는 방법이나 주장의 6하 원칙을 설명해도 잘 이해하지 못하는 아이들이 많은데, 일단 한 차례 토론하고 판정인의 심사평을 듣고 나면 다음번 토론 시간은 그 수업의 질이 현저히 달라지는 것을 발견할 수 있을 것입니다.

또한 지역 간의 환경 차이도 있고 아이들 학습 능력에도 차이가 있는데 위의 내용을 억지로 적용하려고 해서는 안 될 것입니다. 그저 기본 원칙을 숙지하고 있다가 필요할 때 응용하거나, 가능하면 자신이 맡고 있는 아이들 눈높이에 맞춰 융통성 있게 천천히 적용하라고 권하고 싶습니다. 때로는 아이들에게 자신들만의 토론 형식과 규칙을 정해보라고 해도 좋겠지요. 이럴 때 우리 반 아이들은 더 좋아하고 더 열심히 하는 모습을 보여주었습니다.

토론 대회를 준비한다고 해도 어차피 주최 측에서 여러 가지 주변 상황이나 학습자들의 수준에 맞추어 최소한의 규칙으로 대회 규정을 정해서 할 테니, 반드시 지켜야 할 예의와 규칙만 지킨다면 자유롭게 토론을 즐길 수 있도록 이끌어주는 것이 더 좋다고 생각합니다.

" 프로젝트 학습과
토론 "

토론 지도 방법을 배우고 공개 수업을 하고 난 그 다음해 저는 학교를 옮겼습니다. 포항에서는 지역 선생님들을 중심으로 토론을 연구하는 단체가 만들어졌고, 저는 운 좋게도 제가 떠나온 그 학교에서 한 달에 두 번 5학년 아이들과 함께하는 김병원 교수님의 공개 수업을 참관할 수 있었습니다.

수업 참관을 하고 돌아와서는 당시 6학년이던 우리 반 아이들과 함께 같은 주제로 수업을 진행하였습니다. 아이들도 새로운 것을 배운다는 호기심과 다른 학교에서도 같은 주제로 같은 토론 수업이 전개되고 있다는 사실이 도전으로 여겨졌는지 적극적으로 참여해 수업은 즐겁고 흥미진진했습니다. 그 학교의 공개 수업은 아쉽게도 1학기로 끝났지만 저는 1년간 계속 진행하며 토론에 푹 빠질 수 있었습니다.

게다가 2학기에는 학교 차원에서 하는 학교 대항 토론회가 해마다 열리고 있었으므로 대회를 준비한다는 도전 의욕까지 작용하여 저와 우리 반 아이들은 더욱 토론에 몰입할 수 있었습니다. 이렇게 차분하고 깊이 있는 공부를 하며 11월 한 달을 보냈습니다. 다음은 토론 대회를 마치고 우리 반 아이가 쓴 글입니다.

토론 공부!
이건 초, 중, 고, 대학교까지 과목으로 있었으면 좋겠다. 모든 공부의 기본이 되는 것 같다.
언어, 자신감, 논술, 생각, 마음 등 많은 기본 요소가 깔려 있는 것 같아서이다.
난 더욱이 토론 대회에 나가서 더 뜻이 깊다.
밤 12시는 기본, 2시, 3시가 될 때까지 공부하고 공부하다 쓰러져 자고 그만큼 특별했다.
또 글도 잘 쓰게 된다. 이렇게 쓰면 이렇게 되는데, 그럼 "이건 왜 이러지?"
"아하, 이거." "그래 이것을 쓰자." 하며 생각을 많이 하게 되었다.
그리고 글도 잘 읽게 되었다. 누구나 "글? 그거 읽는 건 쉽잖아."라고 말하겠지만 우리 반 앞에선 쪼까 힘들 것이다.
글만 읽는 것이 아니라 '글의 요지', '글쓴이의 생각' 그런 것을 생각하며 읽는데도 그 누구와 속도를 비교해도 뒤지지 않는다.
난 이렇게 세 가지로 덕을 보았다. 그래서 이 공부가 좋다.

토론 주제를 정하고 난 뒤 공부할 범위를 함께 알아보고, 개념 정의부터 시작하여 범위와 한계 설정, 타당한 이유 찾기, 뒷받침할 근거들의 자료 정리, 반론과 질문 예상하여 답할 논리 준비하기, 대안과 예외 부분까지 고려해가는 과정을 가만히 살펴보니, 저는 그곳에서 바로 프로젝트 학습이 이루어지고 있음을 알 수 있었습니다. 아이들은 자신들이 만든 계획과 목표를 향해 친구들과 협동하여 문제를 해결해가는 과정 속에 있었던 것입니다.

이런 공부를 하고 난 아이들은 일반 교과 시간에도 학습 문제에 접근하는 방법이 이전과는 완전히 달라져 있었습니다. 문제를 해결하기 위해 스스로 자료와 정보를 찾는 과정에서 자기 주도적 학습 능력은 저절로 길러졌고, 상대의 예상과 반론을 뛰어넘는 논리와 근거를 준비하기 위해 끊임없이 서로에게 질문해가며 남들과 다른 생각을 찾기 위해 끈질기게 파고드는 것은 창의성 신장에 많은 도움을 주었습니다.

학교를 떠나고 난 뒤 도서관에서 책을 읽다 민병두 선생님의 《완벽한 학생들》이라는 책에 소개된 프로젝트 학습에 관한 글을 본 적이 있습니다. 그 책을 보면서 비로소 표준화된 평가 방법이 있음을 알게 되었습니다. 한 달간 진행되었던 토론 대회 준비 기간에 이 방법을 알았더라면…. 저는 못내 아쉬웠습니다.

우리 반 아이들은 사회 과목의 '세계 여러 나라'를 공부할 때 1년 동안 한 사람이 한 나라를 선택하여 꾸준히 탐구했는데, 그때 이런 방법을 알고 있었다면 얼마나 좋았을까요. 오랜 기간이 필요하고 그때그때 평가해두지 않으면 나중에는 하기 어려운 관찰기록물 평가도 중간 중간 하긴 했지만, 아이들 입장에서 기준까지 분명하게 제시해주지 못했다고 생각하니 아쉬움이 많이 남습니다.

어렵지 않고 또 요긴하게 쓸 수 있을 것 같아 간단히 소개합니다.

| 프로젝트 학습의 평가 표준 | (일주일에 두 번, 총점 50점)

- 첫 주 : 주제 선택과 계획서 작성 (10점 만점)

  주제가 새로운가, 현실적으로 접근 가능한 주제인가?

- 둘째 주 : 자료 모아오기 (5점 만점)

  참고 서적, 인터넷 자료, 잡지 등의 목록 적어오기

- 셋째 주 : 독서 카드 정리 (10점 만점)

  참고 자료로 택한 것 중 인용할 내용 정리, 주석 다는 법 알기

- 넷째 주 : 중간 보고서 쓰기 (5점 만점)

  계획대로 진행되고 있는지 교사가 중간 평가를 기록

- 다섯째 주 : 초안 완성 (7점 만점), 완성 결과물 (13점 만점)

  초안의 완성도 7점. 완성 결과물 13점은 글로 쓴 최종 보고서 7점과, 시각적으로 표를 만들고 포스터를 만든 것 6점을 합친 것.

이 정도의 평가 기준만 제시해주어도 아이들은 혼란스러워하지 않고

차근차근 문제를 해결해 나갈 수 있을 것입니다. 늘 그렇듯 문제는 아이들에게 있는 것이 아니라 교사에게 있었다는 것을 아프게 깨닫습니다.

토론 수업, 이렇게 준비하세요

동기 유발, 어떻게 하면 좋을까요?

토론에 임하는 멋진 자세

토론 마무리, 어떻게 하면 좋을까요?

교실에서 토론하기

부모님과 함께하기

제3부

토론 지도의 실제

" 토론 수업,
   이렇게 준비하세요 "

학급에서 담임선생님이 반 아이들을 대상으로 지도할 때의 지도 과정에 따라, 실제 토론 수업을 진행하는 데 필요한 여러 가지 사항을 순서대로 정리해보겠습니다. 안건 예고에서 글쓰기까지 일주일 정도 시간이 걸리는 경우를 기준으로 합니다. 앞에서 설명한 것처럼 이 단계는 네 부분으로 생각하면 되는데, 토론을 처음 시작할 때는 두 시간 안에 이 모든 과정을 끝내고, 다음은 하루나 이틀 동안, 다음은 일주일 단위로, 모두 익숙해지면 한 가지 주제로 한 달 정도 준비하여 토론해보면 좋습니다.

토론 안건 제시, 어떻게 하면 좋을까요?

처음 학급이나 수업에 토론을 적용해보려는 선생님과 지도자들은 안건을 어떻게 정해야 하는지 걱정을 많이 합니다. 그리 어려운 일은 아니지만 익숙하지 않기 때문일 것입니다.

찬성과 반대의 입장이 분명하여 입장에 따라 생각이 달라질 수 있는 문제라면 쉬운 것부터 적용해 나가는 것이 좋습니다. 처음 시도할 때는 이 책의 마지막인 제4부 '토론 수업 따라하기'에 나와 있는 안건 중에서 적당한 것을 골라 시도해보아도 좋겠지요. 우리 반에서는 처음에 안건만을 나열해놓은 인쇄물을 주고 아이들에게 토론하고 싶은 주제를 선택하게 한 다음 순서를 매겨두고 하나씩 해보았는데 그것도 재미있어하였습니다.

더 손쉬운 방법은 도덕 교과서나 국어 교과서 또는 사회 교과서에 나오는 토론 주제를 활용해보는 것입니다. 특히 가치 갈등 문제의 경우, 수업 시간에 교과서로 배울 때는 별로 재미없어하던 아이들이 토론 형태로 접근하자 의외라고 생각할 정도로 굉장히 치열한 토론을 벌이기도 합니다.

이러한 문제는 따로 정해진 정답이 있는 것이 아니므로 아이들의 사고력을 기르는 토론으로 아주 좋은 주제가 될 수 있습니다. 정신적 가치와 물질적 가치, 자유와 평등, 성장과 분배, 정직과 친절처럼 두 가지가 모두 바람직한 가치인 경우에는 그중에서 어느 하나를 선택하는 것이 그리 간단하지는 않습니다. 그런데 실제 생활 속에서의 상황은 대개 이러한 것들일 가능성이 많지요.

이때는 결과를 예측해본다거나 대안을 제시해보는 것과 같은 가치 분석 과정을 통해 문제를 해결할 수 있을 것입니다. 이러한 토론은 사실 많은 학습량과 사고력이 필요한 내용이지만 평소 생활에서 의사 결정력을 기르는 데 실질적인 도움을 주는 학습이기도 합니다. 그리고 아이들 사이에서 관심의 초점이 되고 있는 문제나 시사적인 문제도 안건으로 활용할 수 있습니다.

안건은 일주일쯤 전에 제시해주고 중간에 틈틈이 준비가 잘 되고 있는지, 자료나 정보를 구하는 데 어려움은 없는지, 어디서 어떻게 구하면 좋을지 한 번씩 챙겨보는 것이 좋습니다. 어느 정도 토론 학습이 진행되고 나면 프로젝트 학습처럼 중간 과정에 평가를 살짝 적용해보는 것도 아이들 흥미를 돋우는 데 도움이 됩니다. 이때 만약 어느 정도 논리를 준비한 친구가 있다면 그 친구의 반대 입장에 서서 질문하여 더 치밀하게 준비하게 하는 것도 학습 동기를 유발하는 방법이 될 수 있습니다. 앞서 소개한 코넬대학 법과대학원의 쉬프린 교수처럼 말입니다.

찬성 또는 반대, 어느 팀으로 갈까?

주제를 정한 다음 찬성과 반대 팀으로 나눌 때 크게 두 가지 경우가 있습니다. 우선 안건 제시 후 바로 아이들의 의견을 듣고 찬반 팀을 정해서 토론 자료 준비에 들어간 다음 토론까지 하는 경우가 있습니다. 또 한 가지는 모든 토론자들이 찬반 양쪽 의견에 대한 자료를 준비한 뒤 토론 시작 한두 시간 전이나 전날 제비뽑기를 통해 찬반을 가르는 방법이 있습니다. 둘 다 장단점이 있는데, 처음에는 아이들의 희망에 따라 정하는 것이 좋습니다. 이때 '양쪽 아이들 수가 지나치게 차이가 나는 경우에는 어떻게 하는가? 교사가 조정을 하는 게 좋은가? 아니면 자유의사에 맡기는 게 좋은가?' 고민을 하는 선생님들이 많은데 그 방법은 토론의 목적에 따라 조금씩 달라질 수 있습니다.

'내 생각이 바뀔 수도 있구나!' 하는 극적인 경험을 주기 위한 것일 때는 고정관념에 의해서나 상식이라는 이름으로 일방적으로 받아들여지고 있는 어떤 문제를 공격적으로 제시하여 '교사 대 아이들' 이렇게 토론을 하는 것이 좋습니다. 아이들이든 성인이든 일단 의사 결정을 하고 난 다음에 그 마음을 바꾸기는 정말 어렵습니다. 가치관과 신념이 바탕이 된 '생각'인 경우에는 더 심합니다. 그럼에도 저는 우리가 가지고 있는 생각은 언제든지 바뀔 수 있다는 강한 암시를 위해 첫 토론에서 이 방법을 택했습니다.

우리 반에서 '산타클로스는 있는가?' 라는 주제로 토론을 했을 때, 처음 아이들의 선택은 '1 대 42'였습니다. 한 명만 찬성하고 나머지는 모두 없다고 하였습니다. 그러나 토론이 끝난 후에는 모두 '산타클로스는 있다'고 생각하게 되었습니다.

물론 토론이 잘 이루어져서 이렇게 모두의 생각이 바뀐 것은 아니었습니다. 첫 토론이니 당연히 아이들은 주장의 6하 원칙도 제대로 지키지 못한 원고를 준비해왔고, 중언부언에 근거도 희박한 이유와 주장을 늘어놓았습니다. 그러다 보니 논리적이고 설득력 있는 주장과는 거리가 먼 토론을 경험해야 했습니다. 3분씩의 발언 시간이 주어졌지만 아이들은 1분도 다 채우지 못한 채 서로 겸연쩍게 웃고 말았습니다.

그때 저는 찬성 입장에서 준비한 글을 나누어주면서 함께 생각해보고 자신의 생각과 견주어보라고 하였습니다. 글을 다 읽고 난 아이들은 모두 놀라운 논리 전개에 한숨을 쉬면서도, 설득당할 수밖에 없는 논리에 고개를 끄덕이며 기꺼이 생각을 바꾸었습니다.

이 첫 경험은 참으로 놀라운 것이어서 토론에 대한 관심을 폭발적으로 만들었고, 아이들은 나름대로 우리도 언젠가는 저런 논리를 갖게 될 것이라는 토론 학습의 결과를 상상해보게 되었습니다.

만약 대결의 묘미를 살리고 치열한 접전을 통해 생각하는 힘을 기르는 데 목적을 둔 토론이라면 찬반이 팽팽하게 맞서는 주제를 찾아 아이들 수를 조정하는 것이 좋습니다. 그러나 토론 주제에 따라서는 때로 어느 한쪽으로 아이들의 의견이 몰리는 경우도 있습니다. 그런 경우 교사가 의도적으로 아이들의 의견을 미리 바꾸게 하여 양쪽 수를 맞출 필요는 없습니다. 어차피 두 주장을 다 준비하여 토론에 참여하는 것이 이 토론법이니까요.

처음에는 아이들이 희망하는 대로 찬성 또는 반대 팀에 참석하여 토론 준비를 하게 하고, 토론이 거듭되면 찬반 양쪽 주장을 다 준비해서 토론이 시작되기 하루 전이나 한두 시간 전쯤 제비뽑기를 통해 정할 수도 있습니다.

제비뽑기를 할 때도 하나의 규칙이 있는데, 그것은 '우선권'을 정하는 규칙입니다. 여기서 우선권이라 하면 찬반 중에 어느 한쪽을 선택할 권리를 말하는 것이 아니라, 제비를 뽑은 팀은 무조건 찬성 측에 서서 토론을 전개해야 한다는 규칙입니다.

역할 분담은 이렇게!

- 사회자 : 1~2명 (2명일 경우에 1명은 토론 진행자가 되고 1명은 기록과 게시원의 역할을 하게 합니다.)
- 심사관 : 지도자나 담임선생님
- 토론자와 질문자
- 부심사관 : 토론을 지켜보는 나머지 아이들과 방청객

토론 수업을 계획할 때 역할 분담은 안건 제시 후 바로 하는 것이 좋습니다. 학급 토론에서는 주로 교사나 지도자가 심판을 맡으며, 사회자는 아이들 중에서 맡게 합니다. 담임선생님이나 지도자의 성향에 따라 어떤 사람을 사회자로 할 것인지 정하는 기준은 다르겠지만, 저는 가능

하면 수줍어하거나 발표를 두려워하는 아이들 중에서 그래도 한번 해보고 싶어 하는 아이를 평소 눈여겨보았다가 권하는 편입니다. 토론 수업의 경우 이미 원고가 준비된 상태이므로 수줍어하는 아이들을 적극적으로 토론에 참여시키는 동기가 되는 것 같습니다. 토론할 때마다 새로운 사회자를 정해서 할 수도 있고 전속 사회자를 두는 것도 좋습니다. 저는 한번 정하면 일정 기간 한 사람의 사회자가 진행하게 하고, 어느 정도 익숙해지면 다른 사람으로 바꾸어보기도 하였습니다.

발언자나 질문자로 참여하지 않는 아이들은 부심사관으로 참여하게 하면 좋습니다. 부심사관의 심사 결과가 심사에 반영되는 것은 아니지만, 토론을 경청하고 심사 기준에 맞추어 평가하는 경험을 할 수 있어 많은 것을 배우는 기회가 될 수 있습니다.

역할을 분담할 때는 아이들의 희망을 존중해주는 것이 좋습니다. 덧붙여 바람직한 토론 학습을 위해 협동과 양보를 먼저 생각해야 하는 것도 강조해두면 좋겠지요.

이때 선생님들이 걱정하는 것 중 하나가 '토론에 참여하는 아이들만 토론 수업의 혜택을 보게 되고 나머지 아이들은 수업에서 소외되지 않을까' 하는 것입니다. 그러나 이 또한 토론 수업을 해보면 자연스럽게 알게 되는 일인데, 분위기에 따라 차이는 있겠지만 코넬대학교에서의 김두식 교수처럼 지켜보는 것만으로도 대단한 학습 효과가 있음을 확인

할 수 있습니다. 아이들은 토론을 지켜보는 동안 자신 안에서 일어나는 엄청난 생각의 충돌을 경험하게 되기 때문입니다.

입장이 다른 상대방과 또 다른 견해를 가진 많은 사람들과 함께 토론하면서 자신이 가진 지식과 정보의 양이 늘어나다 보면 분명히 어느 지점에선가 자기 생각을 바꿔야 하는 순간이 찾아옵니다. 상대의 요구나 강요에 의해서가 아니라 자기 내면의 깨달음에 의해 자발적인 생각의 변화를 경험하게 되는 것, 저는 이것이 토론의 묘미라고 생각합니다. 토론이란 다른 사람의 생각을 받아들임으로써 내 생각을 발전시켜 나가고, 각자의 생각이 커져서 결국에는 모두의 생각이 커지는, 정말 재미있는 공부라고 생각합니다.

번갈아가며 토론자나 질문자로 참여하는 토론 수업을 전개하다가 어느 정도 무르익으면 모든 아이들을 다 토론에 참여시킬 수 있는 모둠별 토론 대회를 열어보는 것도 하나의 방법입니다. 한 달 정도 일정한 시간을 두고 모둠별 토론 대회를 토너먼트로 치르게 되면 모든 아이들이 토론자나 질문자로서 토론을 경험해볼 수 있습니다. 한 걸음 더 나아가 학년 토론 대회가 이루어진다면 폭발적인 학습 효과를 얻을 수 있을 것입니다.

토론 장소와 좌석 배치

별도의 토론실이 마련되어 있으면 토론에 적합한 좌석을 미리 배치할 수 있어 매우 편리합니다. 영상 장치는 논제의 제시나 제한 시간 안내 등을 시각적으로 보여줄 수 있어 효과적입니다. 교실에서 토론을 할 경우는 토론 모형에 따라 적절하게 좌석을 배치하면 보다 효과적으로 진행할 수 있습니다.

그러나 정말 중요한 것은 토론에 참여하는 아이들의 열정이지, 좌석 배치 모양이나 근사한 토론실, 영상 기기의 유무는 아닐 것입니다. 시간을 재는 기계음이 규칙적으로 들리는 경직된 분위기보다 아이들이 직접 준비한 소박한 시간 안내 표지와 친절한 제시가 토론 분위기를 더 좋게 할 수도 있습니다. 일반적으로 교실에서 이루어지는 토론이고 수업 중에도 이루어질 수 있는 하나의 학습 방법이니, 쉽게 좌석 배치를 하고 책상을 움직일 수 있는 공간만 확보된다면 어떤 시간, 어떤 교실이라도 불가능한 것은 아닐 것입니다.

찬반 토론의 좌석 배치는 찬성 측과 반대 측의 토론자가 서로 정면으로 마주보지 않도록 대각선 또는 정면을 향하도록 배치합니다. 그렇게 하면 상대방과의 대결이 아니라 논제에 대해 토론하는 분위기를 조성하는 데 도움이 됩니다. 토론자나 질문자는 방청석을 향해 주장을 전개하고, 필요할 때만 상대방을 잠깐씩 보도록 합니다. 그리고 판정인과 게시원은 사회자와 토론자들을 잘 볼 수 있는 곳으로 반대 측에 위치하면 좋습니다.

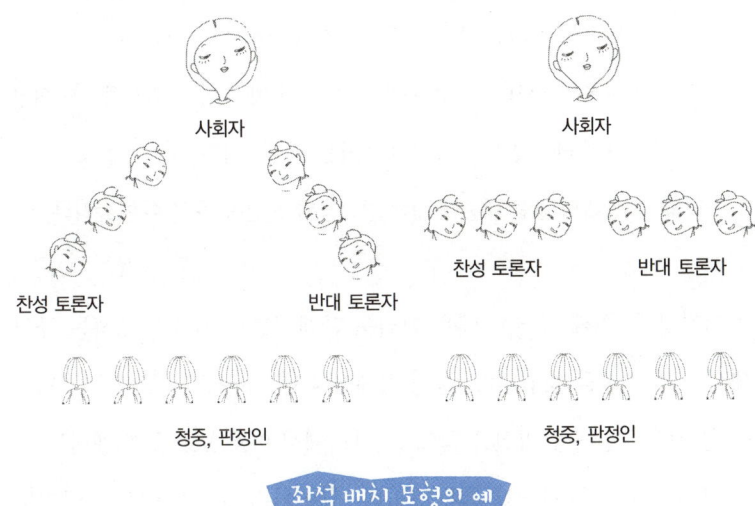

좌석 배치 모형의 예

토론 규칙, 이것만은 꼭 지켜야 해요

처음 토론에 참여하는 아이들을 위한 규칙입니다. 규칙이 많으면 지키기 어렵고 공연히 주눅들게 되지요. 간단명료하게 제시하여 아이들이 자신감을 가지고 토론에 참여하게 하는 것이 더 중요합니다. '이 정도라면 나도 할 수 있어!' 라는 생각이 들도록 말입니다.

- 규칙 1) 토론에 참여한 토론자들은 찬성이든 반대든 자신의 주장을 펼칠 때 6단계까지 고려한 자신만의 의견을 준비합니다.
- 규칙 2) 토론에서는 반드시 찬성 측이 제시하는 이유를 반대 측이 집중적으로 비판해야 합니다.

- 규칙 3) 발표는 정해진 시간 안에 정해진 순서에 따라 합니다.
- 규칙 4) 토론의 심사는 찬성 측과 반대 측의 점수 차를 최소한 1점 이상 나게 하여 반드시 승자와 패자를 결정합니다.
- 규칙 5) 상대의 발표 내용에 대해 질의응답 시간을 가질 수 있습니다.

여기서 두 번째 규칙은 매우 어려운 단계이므로 처음 안내하는 규칙에서는 빼도 좋을 것입니다. 찬성 팀에서 어떤 이유를 들고 나올지 모르는 상황에서 상대방 의견을 듣고 그 자리에서 바로 토론을 전개하는 것은 난이도가 높은 기술입니다. 그러나 일단 이런 규칙이 있음을 알려두는 것은 좋다고 생각합니다. 토론 실력이 향상되면 우리도 할 수 있게 될 거라는 암시는 아이들의 도전의식을 일깨우는 데 효과적입니다. 뚜렷한 목표가 있고 재미가 있으면 앞으로 나아가고 싶어 하는 것이 아이들의 본래 모습이니까요.

동기 유발, 어떻게 하면 좋을까요?

주제마다 다르면 재미가 두 배

토론 주제를 어디서 가져오느냐에 따라 주제 도입부를 조금씩 다르게 할 수 있습니다. 크게 구분하면 다음과 같이 나누어볼 수 있습니다.

- 교과서 안에 있는 특정 주제로 토론을 하는 경우
- 책이나 그 밖의 자료에서 가려 뽑아 미리 준비하는 경우 (토론 가능한 주제가 포함된 간단한 읽을거리를 제공한 뒤 그 안에서 안건을 찾아내고 토론으로 진행한다.)
- 신문 기사나 시사 문제를 인용하여 토론 안건을 정한 경우
- 단순히 주제만 제시하는 경우

이 각각의 경우에 해당하는 예문으로 우리 반에서 했던 것을 제4부 '토론 수업 따라하기'에 하나씩 올려놓았습니다. 펌프의 물을 길어 올릴 때 썼던 마중물 한 바가지처럼 토론을 시작할 때 사용하는 동기 유발 자료로, 아이들과 재미로 읽어보고 이야기 나누는 용도로 쓰이면 좋겠습니다. 물론 잘 정리된 글, 완전한 논리의 글은 아닙니다. 요즘 아이들에게 들려주면 오히려 "그 정도라면 나도 할 수 있어!"라고 말할 정도일 것입니다.

토론 수업을 어떻게 도입하면 좋을지는 학급마다 각각 다를 것입니다. 토론을 통해 말하고 듣고 읽고 쓰는 종합적인 언어 능력을 기르고자 한다면 간단하면서도 쉬운 예문이 있는 토론이 좋습니다. 토론은 많은 시간을 필요로 하기 때문에 도입을 위해 주어진 짧은 시간 안에 인상적인 장면을 만들거나 주제 제시가 이루어져야 하지만 예문을 준비한다면 이를 크게 걱정하지 않아도 됩니다.

주어진 예화 자료나 제시문을 읽고 내용을 제대로 이해하면 토론에서 자신 있게 주장을 전개할 수 있으므로, 내용 이해에 도움이 되는 방법을 소개합니다. 이 방법은 특히 읽기 교재를 이용할 경우 염두에 두면 유용합니다.

읽기 교재는 일반적으로 서술과 기술 중심의 이야기 글일 경우가 많은데 이런 글은 주로 아래의 6가지 요소로 이루어져 있다고 합니다.

- 이 이야기의 주인공은 누구인가? (주인공)
- 주인공은 지금 어떤 상황에 놓여 있는가? (상황)
- 그 상황에서 주인공은 어떤 행동을 하였는가? (행동)
- 왜 그런 행동을 하였을까? (동기)
- 주인공의 행동을 방해하는 요소가 있는가, 있다면 무엇인가? (방해)
- 결과는 어떻게 되었는가? (결과)

한 줄로 죽 이으면 '주인공 / 상황 / 행동 / 동기 / 방해 / 결과' 이렇게 됩니다. 이 원칙도 김병원 박사님께서 소개해주신 것인데, 저는 아이들이 이해하기 쉽도록 이것을 '이야기 글의 6하 원칙'이라고 이름 붙여보았습니다. 기사를 쓸 때 6하 원칙을 생각하며 쓰듯이 이야기 글은 이 6가지 요소를 기준으로 정리하면 이야기의 전체 구조를 파악할 수 있습니다.

토론을 위한 예화 자료를 주고 아이들의 이야기를 들으며 이 6가지 요소를 기준으로 이야기를 정리하면 이야기의 전체적인 구조가 드러날 것입니다. 만약 아이들의 이야기에서 빠진 요소가 있다면 듣는 중간 중간 적당한 시점에 질문을 해서 아이들 스스로 찾아낼 수 있게 도와주는 것도 좋습니다.

"주인공은 누구일까?"

"만약 주인공을 바꾸면 이야기는 어떻게 전개될까?"

"주인공이 왜 그렇게 했을까?"

"그래서 행복하게 잘 살았겠다. 그치?"

"아뇨."

"그럼 어떻게 되었을까?"

물론 모든 이야기 글들이 이런 요소를 완벽하게 갖추고 있는 것은 아니겠지만, 대개의 경우 이 기준에 맞추어 글을 요약해보면 내용 이해가 쉬워져서 아이들이 아주 좋아했던 기억이 납니다. 뿐만 아니라 이 기준은 우리가 글을 직접 쓸 때도 이야기를 구성하는 데 매우 유용한 기준이 됩니다.

학교에서 아이들과 인형극 잔치를 준비했을 때의 일입니다. 아이들이 직접 대본을 쓰고 그 대본으로 읽기 연습을 하는 도중 모두가 하품을 하는 상황이 벌어졌습니다. 모둠별로 자신들이 정말 좋아하는 글감과 주제로 열심히 썼는데 왜 그런 일이 생긴 걸까요?

"이상하다. 왜 이러지?" 당황하다가 우리는 이 6하 원칙에 맞춰서 내용을 살펴보게 되었고 "아하!" 하며 모두 무릎을 쳤습니다. 왜 그렇게 재미없는 이야기가 되었는지, 6하 원칙 중에 무엇이 빠졌는지 스스로 알게 된 다음 다시 글쓰기에 완전히 몰입하던 아이들의 모습이 생각납니다.

우리가 독서 토론을 할 때는 먼저 책이나 글을 읽고 그 내용을 요약하며 문제를 파악한 뒤 그 문제에 대한 자신의 입장을 정리하게 됩니다.

그럴 때 '이야기 글의 6하 원칙'에 맞추어 요약한 뒤 '주장하는 글의 6하 원칙'에 따라 자신의 주장을 정리하게 하면 아이들은 큰 부담 없이 내용을 요약하고 생각을 정리할 수 있습니다.

 신문에 난 기사 글이나 시사 문제로 토론할 경우에는 내용을 '기사 글의 6하 원칙'에 맞추어 정리해보는 것도 재미있어했으며, 기사 글, 이야기 글, 주장하는 글 세 가지를 구분하여 그 차이를 확실히 이해하게 되어 한 번쯤 적용해볼 만하다는 생각이 들었습니다.

 신문에 실리는 그래픽 자료나 표, 설문조사 결과도 토론의 동기 유발 교재로 아주 좋았는데, 그림 자료나 표를 읽어내는 능력도 자연스레 함께 기를 수 있어서 아이들에게 유익했던 것 같습니다.

 가끔 텔레비전 뉴스에서 토론 주제를 가져올 때도 있습니다. 이 경우 저는 "어제 뉴스에서 이런 기사를 방송하던데, 만약 너희들이라면 어떻게 할지 한번 생각해볼래?" 하고 말하면서 이야기를 꺼내곤 했습니다. 요즘이라면 다시 보기 기능을 이용하여 주제와 관련된 부분만을 다운받아 함께 보면서 토론으로 연결해도 좋을 것입니다.

 때로는 역할극으로 주제 도입을 한 경우가 있는데, 아이들이 재미있어하고 동기 유발에도 좋았지만 토론과 역할극을 모두 준비하기에는 시간이 부족한 경우가 많아 자주 하지는 못했습니다. 가끔 한 번씩 시도해보는 것도 좋을 것 같습니다.

토론 시간을 효과적으로 시작하고 싶다면?

2, 3일 전 또는 일주일 전에 미리 안건이 제시된 경우라면 우선 지난 시간 안건 제시의 배경을 물어보거나 그날 수업을 위한 약속을 상기시키는 것으로 시작합니다. 그리고 아이들이 어떤 준비를 어떻게 해왔는지, 준비하는 과정에서는 어떤 일이 있었는지를 자연스럽게 발표하게 하면서 시작하면 좋습니다.

만약 예고 없이 수업 시간에 즉석 토론을 하고자 할 때는 특히 도입 부분이 중요합니다. 여기서 가장 중요한 부분은 '무엇이 문제인가' 하는 것이죠. 토론할 안건의 역사적 배경이나 문제의 원인에 대한 아이들의 의견을 들으며, 아이들이 얼마나 알고 있는지를 파악하고 개념이나 정의를 분명히 하는 것으로 어느 정도 토론 범위를 정해주는 것도 좋습니다.

질문자가 있는 토론 수업에서는 이렇게!

일반적으로 1, 2, 3차 접전으로 하며, 필요에 따라 4차 접전을 더 가지기도 합니다. 이때 토론자가 질문자를 겸하기도 하며 따로 질문자를 두어 팀을 조직할 수도 있습니다. 진행 순서는 다음과 같습니다.

- 1차 접전

  찬성 팀 1번 토론자 발언 (3분)

반대 팀 1번 토론자 발언 (3분)

―작전 시간 (2분)―

찬성 팀 1번 질문자가 질문 (1~2가지)

반대 팀 1번 질문자가 질문 (1~2가지)

―작전 시간 (2분)―

• **2차 접전**

찬성 팀 2번 토론자 발언 (3분)

반대 팀 2번 토론자 발언 (3분)

―작전 시간 (2분)―

찬성 팀 2번 질문자가 질문 (1~2가지)

반대 팀 2번 질문자가 질문 (1~2가지)

―작전 시간 (2분)―

• **3차 접전**

반대 팀 3번 토론자 발언 (3분)

찬성 팀 3번 토론자 발언 (3분)

찬성 팀과 반대 팀 양측에서 발언, 질문, 정리 등으로 진행할 때 한 차례씩 서로 공방을 주고받고 나면 약 2, 3분간의 작전 시간 겸 휴식 시간을 갖습니다. 이 시간은 진행된 토론에 대해 정리하고 어떤 질문을 할 것인지 검토하며 다음 대결에 대해 협의하는 시간입니다. 이때는 전체의 흐름 속에서 우선적으로 반박해야 할 것과 주장 그리고 생략해야 할 것이 무엇인지 의논합니다. 팀원들이 보여주는 협동심과 적극적인 참여 자세 등도 심사에 포함된다는 사실을 아이들에게 미리 알려주면 좋을 것입니다.

" 토론에 임하는
멋진 자세 "

토론을 가르칠 때는 방법과 절차의 지도도 중요하지만 무엇보다 토론에 임하는 바람직한 자세에 대해 지도해주는 것이 좋습니다.

다음은 민족사관고등학교 제1회 토론 대회 안내를 위한 자료집에 제시된 내용입니다. 평소에 자주 소리내어 함께 읽어보아도 좋을 것 같습니다. 어쩌면 이것은 아이들보다 어른인 제게 더 필요한 내용이 아닌가 하는 생각도 듭니다.

〈토론자가 토론에 임할 때 지켜야 하는 자세〉

1) 자신에 대하여
- 토론하고자 하는 제목에 대하여 열심히 연구하고, 말하고자 하는 내용에 관하여 충분히 알고 있어야 한다는 자세

- 토론하고자 하는 분야에 대하여 진지한 관심과 성의를 가지고 임하려는 자세
- 강압이나 폭력보다는 설득을 통하여 문제를 해결하고자 노력하는 자세
- 토론에서 이길 때도 무엇인가를 배우지만 질 때도 많은 것을 배운다는 자세
- 이길 때는 너그러운 승자가 되고 질 때에는 명예로운 패자가 된다는 자세
- 남들에게 한 비판을 나 자신에게도 해보려는 자세
- 내가 지지하는 편에 유리한 최선의 논의를 하려는 자세

2) 타인에 대하여
- 비록 의견을 달리하지만 언론과 표현의 자유에 대한 타인의 권리를 존중하는 자세
- 자기 팀에 속한 동료는 말할 것도 없고 상대 팀에 속한 사람 그리고 심판, 지도교사, 진행자 등 토론의 모든 관계자들을 존중하는 자세
- 내가 전개하는 논의와 증거 그리고 상대방의 논의와 증거에 대하여 정직해야 한다는 자세
- 경험이 부족한 동료나 상대가 있다면 친절히 도와주려는 자세
- 나의 도움을 필요로 하는 사람들의 편에 서주고 권력 앞에서도 당당히 진실을 말하는 참된 삶의 옹호자가 된다는 자세

토론 진행할 때 이것만은 유의하세요

토론을 진행할 때는 의견 대립이 있을 수 있으므로 다음 사항에 유의하면서 진행해야 합니다.

- 가능하면 다소 엄격한 절차에 따라 군더더기 없이 진행합니다.
- 규칙을 잘 설명하고 가능하면 꼭 지키도록 강조하며 어겼을 때는 감점 요인이 된다는 사실을 알립니다. (시간, 예의 지키기, 준비 상태 확인하기, 자신의 역할에 충실하기)
- 사회자는 어느 팀에도 치우치지 않도록 토론의 중심을 잡아주어야 하며, 사회자의 진행 원고를 미리 준비하는 것이 좋습니다. (아래 예문 참고)
- 심사관은 토론에 영향을 줄 수 있는 어떤 행동도 해서는 곤란합니다. 가능하면 표정이 바뀌지 않도록 냉정을 유지하고 경청하는 것이 좋으며, 중간에 끼어들어 조정하거나 토론의 진행에 관여하지 않도록 합니다.
- 부심사관들도 규정을 잘 알아 특정한 몸짓을 하거나 잡담, 딴짓하기 등으로 토론에 영향을 주지 않도록 합니다.

〈토론 사회자 원고의 예〉

안녕하세요? 사회를 맡은 ○○○입니다.

지금부터 ○○학교 ○학년 ○반 학급 토론 대회를 시작하겠습니다.

오늘 토론할 안건은 '_____' 입니다.

안내한 대로 토론 준비를 해주시고 먼저 토론자 소개가 있겠습니다.

찬성 팀부터 소개해주십시오.

(자리에서 일어나 이름과 간단한 소개를 합니다.)

다음 반대 팀 소개해주십시오.

(예를 들면 "안녕하세요? 찬성/반대 팀 O번 토론자 OOO입니다.")

다음은 판정인으로부터 심사 기준과 규칙에 대한 안내를 듣도록 하겠습니다.

(판정인은 앞으로 나와 발언 순서와 심사 기준, 규칙 발표 - 159쪽 예문 참고)

그럼, 지금부터 시간을 안내하겠습니다.

양 팀 발언 시간과 작전 시간은 각각 O분씩입니다.

시간을 잘 활용하는 것도 심사에 들어간다는 사실을 기억해주시고 잘 지켜주시기 바랍니다.

그럼 토론을 시작하겠습니다.

먼저 찬성 1번 연사 발언해주십시오. [발언]

다음 반대 1번 연사 발언해주십시오. [발언]

작전 시간을 2분 갖도록 하겠습니다.

시간이 다 되었습니다. 자리를 정돈해주시기 바랍니다.

(질문이 있는 토론에서는)

먼저 찬성 팀 질문해주시기 바랍니다.

잘 들었습니다.

다음 반대 팀 질문해주시기 바랍니다.

잘 들었습니다.

지금부터 2분 동안 작전 시간을 가지고 답변을 준비해주십시오.

시간이 다 되었습니다. 자리를 정돈해주시기 바랍니다.

다음 찬성 2번 연사 발언해주십시오. [발언]

잘 들었습니다.

다음 반대 2번 연사 발언해주십시오. [발언]

잘 들었습니다.

역시 2분 동안 작전 시간을 갖도록 하겠습니다.

시간이 다 되었습니다. 자리를 정돈해주시기 바랍니다.

(질문이 있는 토론에서는)

먼저 찬성 팀 2번 질문자, 질문해주시기 바랍니다.

잘 들었습니다.

다음 반대 팀 2번 질문자, 질문해주시기 바랍니다.
잘 들었습니다.

역시 2분 동안 작전 시간을 갖도록 하겠습니다.
시간이 다 되었습니다. 자리를 정돈해주시기 바랍니다.

마지막으로 반대 팀 3번 연사 발언해주십시오. [발언]
찬성 팀 3번 연사 발언해주십시오. [발언]
잘 들었습니다. 다음은 판정인으로부터 판정을 듣도록 하겠습니다.
[심사평과 판정, 부심사관의 판정 결과 듣거나 보기]
이상 토론을 마치겠습니다.

다음은 판정을 맡은 선생님이나 지도자를 위한 판정 기준의 예입니다. 토론 시작부터 이런 판정 기준을 적용하기는 매우 어려울 것입니다. 저는 처음에는 아주 단순하게 세 가지 기준으로만 판정하였습니다.

❶ 주장의 6하 원칙에 맞게 준비하려고 노력하였는가? (특히 이유가 타당한가? 설명을 충분히 하였나? 반론 고려가 있었나? 등을 중점적으로 보면서 판정했는데, 만약 양 팀이 비슷할 경우에는 어느 팀이 더 좋은 이유를 제시했는지, 어느 팀이 더 설명을 잘했는지를 순서대로 살폈습니다.)

❷ 친절하게 효과적으로 표현하였는가?

❸ 팀 협동을 잘하였는가?

아래에 있는 심사 기준의 내용은 적어도 10회 이상 토론 학습이 진행된 이후에나 가능한 기준이 아닐까 생각해봅니다.

〈판정인의 심사 기준 발표 내용의 예〉

반갑습니다.

저는 오늘 토론의 심사를 맡은 심사관 ○○○입니다.

○○학교 ○학년 여러분!

그동안 어렵고 힘든 토론 수업 준비를 열심히 해준 우리 친구들에게 우선 고맙다는 인사를 합니다.

토론은 토론 준비가 된 사람하고 하는 것이라고 하였습니다. 자신의 의견을 논리적이고 설득력 있게 펴내는 것과 동시에 상대방의 의견에도 귀 기울여 바르게 듣고, 만약 상대의 의견이 보다 논리적이고 합리적이라고 생각되면 깨끗이 수긍하고 긍정할 줄 아는 열린 마음으로 토론에 참여해주면 좋겠습니다.

특히 오늘 토론은 각 토론자와 질문자의 역할이 구분되어 있으므로 자신의 역할에 충실한 토론을 해주시기 바라며, 그 점도 심사에 들어간다는 사실을 기억해주기 바랍니다.

저는 오늘 토론에서 다음 내용을 중심으로 심사하겠습니다.

|토론자|

- 주장에 대한 이유가 타당하였는가?
- 설명이 충분하였는가?
- 반론 고려가 효과적이었는가?
- 질문에 대하여 충분한 준비로 적합한 답변을 하였는가?
- 효과적으로 표현하였는가? (토론에 임하는 태도는 어떠한가? 말의 빠르기, 목소리의 크기는 적절한가? 설득력 있는 몸짓, 손짓, 상대를 보며 말하는가? 성실한 자세인가?)
- 자신의 역할을 잘 알고 효과적으로 토론에 참여하였는가?
- 팀 협동이 잘 되었는가?

|질문자|

- 상대의 주장을 정확하게 이해하고 질문하였는가?
- 결정적인 타격을 줄 수 있는 문제점을 찾아서 질문하였는가?
- 질문의 표현이 효과적이었는가? (논제 이탈 여부나 주장과 답변과의 일관성을 묻는 질문)

다음은 토론 절차를 설명하겠습니다. 오늘 토론은 3회전으로 진행합니다.

1, 2회전은 먼저 찬성 팀이 발표하고 이어서 반대 팀이 발표하는 순서로 진행합니다. 그러나 마지막 3회전은 반대 팀이 먼저 발표하고 찬성 팀이 발표하도록 하겠습니다. 그리고 오늘 토론은 질문자가 있는 토론으로 진행하겠습니다.

1회전과 2회전의 토론 발언이 끝나면 각각 질문자가 질문을 할 수 있습니다. 토론자의 발언 시간은 3분입니다. 시간에 대한 자세한 안내는 사회자가 해 드릴 것입니다. 최선을 다해 멋진 토론을 보여주시기 바랍니다.

고맙습니다.

이제 사회자가 토론을 진행하는 본격적인 토론 수업이 진행되며 선생님은 판정인의 자리에서 심사를 합니다. 이때 위의 판정 기준을 일목요연하게 정리한 심사표를 만들어 아이들도 함께 심사하는 방법도 있습니다. 이것은 어느 정도 토론에 익숙해진 다음에 하면 좋습니다.

선생님들 중에 심사표를 만들어서 보여주면 어떻겠느냐는 요청이 있어서 2006년 봄, 과천의 한 초등학교에서 사용했던 심사표를 소개합니다.

이 심사표는 토론 수업 공개가 거의 마무리 단계에 들어갔을 때 썼던 것이니 처음 시작하시는 분들은 판정 기준과 참가자 수에 따라 조금씩 다르게 만들어 사용하는 것이 좋을 듯합니다.

〈어린이 찬반 토론 심사표 1〉

		찬성 팀	반대 팀
1	이유		
	설명		
	반론 고려		
	태도		
2	이유		
	설명		
	반론 고려		
	태도		
3	이유		
	설명		
	반론 고려		
	태도		
작전	1		
	2		
계	종합 의견		

<어린이 찬반 토론 심사표 2>

		찬성 팀		반대 팀	
1	안건 분석				
	이유 1, 2				
	설명				
	반론 고려				
1	질문				
2	응답				
	이유				
	설명				
	반론 고려				
2	질문				
3	응답				
	정리				
	견주기				
	종합				
태도					
팀 협동					
계	종합 의견				

토론 지도의 실제 163

이 책에서 보여준 심사표를 참고하여 사용하다가 더 효과적인 양식으로 바꾼다면 좋겠죠.

1999년 포항에서 토론 공개 수업 보고가 있었고, 2000년도에는《소년한국일보》주최로 교사 토론 직무 연수가 서울에서 있었습니다. 그곳에서 이현숙 선생님을 처음 만났습니다. 지금 충암초등학교에서 근무하는 이 선생님이 다음의 심사표를 보내오셨는데, 그 다음해 6학년 담임을 맡았을 때 교실에서 아이들과 토론 수업을 하며 만든 것이라고 합니다. 챙겨두었다가 필요할 때 활용하면 많은 도움이 될 것입니다.

우리 반에서는 나중에 학생들이 판정인의 역할을 하게 되었을 때 아이들에게 심사표를 만들어보도록 했습니다. 그중에 정말 기발한 생각으로 멋진 판정표를 만들어온 학생이 있었습니다.

이렇게 토론에 대한 책을 쓰는 날이 오리란 것도 모르고 그 멋진 심사표를 챙겨두지 못해 아쉽습니다. 챙겨두지 못한 것이 한두 가지가 아니지만, 아이들이 토론하고 난 뒤 썼던 글들을 복사해두지 않고 모두 돌려준 것도 많이 아쉽습니다.

첫해에 공개 수업을 준비하면서 만난 김병원 박사님은 우리 반 학생들이 쓴 글들을 어휘 수까지 개인별로 분석해서 연구 보고서로 내놓았습니다. 그런 일들이 함께 이루어졌다면 아이들도 얼마나 뿌듯해하고 좋아했을까 생각하니 아쉬움이 많이 남습니다.

〈어린이 찬반 토론 심사표 3〉

안건 :									
날짜 :									
심사자 :	초등학교 ( )학년 ( )반 ( )								
찬성 연사 1 :				찬성 연사 2 :			찬성 연사 3 :		
이유			태도	이유		태도	이유		태도
	1	2			1 2			1 2	
설명				설명			설명		
	1	2			1 2			1 2	
반론 꺾기				반론 꺾기			반론 꺾기		
	1	2			1 2			1 2	
반대 측 질의자 1 :				반대 측 질의자 2 :			반대 측 질의자 3 :		
(응답)				(응답)			(응답)		
반대 연사 1 :				반대 연사 2 :			반대 연사 3 :		
이유			태도	이유		태도	이유		태도
	1	2			1 2			1 2	
설명				설명			설명		
	1	2			1 2			1 2	
반론 꺾기				반론 꺾기			반론 꺾기		
	1	2			1 2			1 2	
찬성 측 질의자 1 :				찬성 측 질의자 2 :			찬성 측 질의자 3 :		
(응답)				(응답)			(응답)		

심사 결과	〈찬성 측〉		점	〈반대 측〉		점
	토론	질의응답	태도	토론	질의응답	태도

토론 지도의 실제

" 토론 마무리,
어떻게 하면 좋을까요? "

학습 방법의 한 갈래로서 교육을 목적으로 하는 토론에서 찬성과 반대 결정은 원칙적으로 자신의 개인적인 생각과는 일치하지 않을 수도 있습니다. 그러므로 모든 발언은 자신의 생각과 근거를 가진 정보를 중심으로 하고, 거짓 주장이나 상대에 대한 인신공격을 해서는 안 되며, 내용은 '현실적인 문제 해결'을 위한 것이 아니라 원칙적으로 '토론을 위한 토론'을 전제로 해야 합니다.

그러므로 토론의 승패는 토론 내용의 옳고 그름이나 안건에 대한 개인 견해와 일치하는지의 여부와는 관계가 없어야 합니다. 사실 이 부분에서 많은 분들이 혼란스러워하는 것을 볼 수 있습니다.

토론 승패의 결정은 결론의 이유가 타당한가와 설명이 충분한가에 따라 결정됩니다. 따라서 안건에 대한 토론의 결과가 실제 아이들의 가치관 형성 지도와는 다를 수도 있으므로, 그런 경우에는 그 차이를 분명히 밝혀서 아이들이 혼란을 겪지 않도록 해야 합니다. 즉 토론에 이겼다고 해서 그 주장이 반드시 옳은 것도 아니고, 토론에 졌다고 해서 틀린 논리도 아니며, 단지 입장에 따라 다를 수 있음을 분명히 해야 합니다. 저도 처음에는 이것을 어떻게 이해시킬까 고민이었는데 의외로 아이들은 아주 쉽게 수긍해주었습니다.

몇 번의 토론을 경험하고 나면 정리 단계에서 제가 "토론에 이겼다고 해서 그 팀의 의견이 옳은 의견이라고 할 수 있을까요?" 하고 물으면 아이들은 왜 자꾸 그런 말도 되지 않는 질문을 하느냐며 웃곤 했습니다.

하지만 승패의 결과에 대해서는 재미있는 보상이 따르면 더 효과적입니다. 우리 반의 경우 작은 상품이나 자장면 파티 초대권, 토요 잔치 초대권 같은 상품권을 주기도 하였는데, 언제나 진 팀이 이긴 팀보다 더 많은 상품을 받도록 하였습니다. 왜냐하면 경기에도 이기고 상품도 많이 받는다면 불공평하다는 것이 우리 반의 합의된 원칙이었기 때문입니다.

글쓰기가 좋아요

지금 논술은 많은 사람들에게 관심의 대상을 넘어 큰 걱정거리가 되고 있습니다. 논술을 가르쳐야 하는 선생님에서부터 어떻게 아이의 학습을 도와야 하는지 막막한 학부모님, 그리고 당사자인 우리 아이들까지, 모두들 방향을 잡지 못하고 있는 것이 현실입니다.

저도 가끔 이런 현실이 걱정스러울 때가 있습니다. 독서에 대한 사람들의 관심이나 토론의 필요성에 대한 공감이 커지긴 했지만 조금만 더 들여다보면 논술을 잘하기 위해서 모두가 매진하고 있는 듯 보이기 때문입니다.

고차원의 사고력을 길러야 할 학교 교육임에도 단순 암기력만을 강조하는 교육을 한다고 해서 비판의 대상이 된 것은 어제 오늘의 일이 아닙니다. 그래서 꾸준히 제기되어온 것이, 창의성을 기르고 문제 해결력과 분석력 같은 종합적인 사고 능력을 기를 수 있는 학교 교육의 필요성이고, 우리나라 교육의 특성상 더욱 적극적인 해결 방안의 하나로 제시된 것이 학교 현장에서의 수행평가와 대학 입시에서의 논술평가입니다.

물론 논술고사나 수행평가가 완벽한 평가 방법이거나 최선의 것은 아니지만, 그래도 정답이 정해져 있는 객관식 선다형보다는 사고력을 측정하는 데 효과적이라 할 수 있습니다. 이런 의미에서 논술이 중요하게 여겨지고 또 논술을 잘하기 위해서 다양한 독서와 토론을 권하기도 합니다. 그러나 초등학교 저학년부터 책, 학습지, 학원, 글쓰기, 이 모든 것이 그저 '논술시험에서의 좋은 성적'을 위한 것으로만 받아들여지면서, 좋은 취지로 시작한 논술이 애물단지가 되어버리고 만 것 같습니다.

그래서 저는 역설적으로 학교 선생님들이 우리 아이들에게 독서의 즐거움과 토론의 재미를 느낄 수 있도록 차근차근 재미있게 지도해주면 어떨까 생각해봅니다. 이런 교육은 학교에서 하면 꽤 효과적입니다. 게다가 비싼 논술 학원에 갈 수 없는 아이들이 얼마나 많은지 선생님들은 누구보다 잘 알고 계시지요.

논술을 잘하기 위해 무엇부터 해야 할까 많은 사람들이 고민하지만, 토론을 하게 되면 그런 걱정은 하지 않아도 좋습니다. 왜냐하면 토론이 바로 '말로 하는 논술'이기 때문입니다.

토론이 끝나고 심사관의 심사평까지 듣고 나면 자신의 주장을 새롭게 할 시간이 주어집니다. 토론 전에 가졌던 생각이 어떠했든, 시작할 때 어떤 입장에서 토론에 참여했든 상관없이 자신의 신념에 따라 논리적으로 서술하면 됩니다.

토론 안건에 대한 개념 정의와 문제를 분명히 하고 자신의 입장을 명확히 밝혀 전제를 내세운 다음, 이유를 찾고 전제를 뒷받침할 근거를 제시하여 충분히 설명합니다. 그리고 반론을 고려하여 그것에 답해보거나 자신의 주장과 견주어 문제를 지적하고 대안을 생각해보면 됩니다.

토론을 준비하며 개요를 짜두었다면 토론이 진행되는 동안 보충하거나 메모해두었다가 참고할 수 있습니다. 이렇게 하면 누구나 큰 부담 없이 쓸 수 있습니다. 정해진 답이 없어서 좋고 힘들게 외워서 쓰지 않아도 되는, 자유롭고 개성 있는 자신만의 생각이 귀하게 담기는 글쓰기라면 어떨까요?

게다가 글쓰기는 정확하고 창의적인 생각을 갖게 해주는 아주 좋은 방법입니다. 꼬리에 꼬리를 물고 새록새록 떠오르는 새로운 생각들은 이전에 가지고 있던 지식과 조합되어 또 다른 자신만의 고유한 색깔을 드러내게 될 것입니다.

토론 후에 글쓰기를 해보면 좋은 점이 많습니다. 먼저 아이들이 글로 자신의 생각을 표현하는 것을 부담스러워하지 않게 됩니다. 토론을 준비하면서 갖게 된 많은 생각을, 쓰는 방법을 알고 나서 쓰게 되니 그렇습니다. 또한 글로 써봄으로써 아이들은 자신의 생각이 변해간 과정을 최종적으로 정리하는 기회를 가질 수 있습니다. 이렇게 토론으로 새롭게 알게 된 것을 자신의 신념과 더 깊이 결부시키고 내면화하는 과정을 통해 아이들의 행동 변화까지도 기대해볼 수 있습니다.

그리고 토론에 직접 참여하지 않은 아이들의 글을 보며 교사가 아이들 수준에 맞는 개별 지도를 할 수 있는 기회가 마련되기도 합니다. 저는 창의적이고 논리적인 근거를 들어 주장을 전개해간 글이나 설명이 훌륭한 글, 반론 고려가 뛰어난 글, 어느 한 군데라도 남다른 생각이 들어간 표현은 다음날 전체 아이들에게 읽어줌으로써 다시 한 번 생각해보게 했는데, 토론에 적극적으로 참여하지 못한 아이들을 칭찬하고 격려하는 기회가 되어 좋았습니다.

이런 과정을 통해 비록 직접 토론에 참여하지는 않았지만 아이들 스스로 많은 것을 배우고 충분히 격려받고 칭찬받는다는 느낌을 가질 수 있도록 하는 것이 중요합니다. 사실 저는 이 부분에 늘 부족함을 느낍니다.

글쓰기의 기본 먼저 생각하기

토론 후 써온 글을 보면 아이들이 전반적으로 문단 개념을 정확하게 이해하고 있지 못하다는 느낌을 받을 때가 많습니다. 그래서 자세히 풀어 설명할 때는 이해하는 것처럼 보이지만 다시 글을 써보게 하면 여전히 문단 구분 없이 써오곤 했습니다. 고민 끝에 문단 구분하는 연습을 20회 정도 해보았습니다. 교재는 원동연 박사님의 《DY 학습법 익히기》 같은 책이나 《작은 것이 아름답다》, 《좋은 생각》 같은 책에서 짧은 예문들을 골라 시도해보았습니다.

학습지 형태로 만들어두고 아침자습 시간이나 수업 시간에 틈틈이 해보았더니 예상했던 것보다 아이들은 재미있어하였습니다. 첫 수업을 시작할 때 내용 문단과 형식 문단 나누기, 글의 형식, 중심 문장과 보조 문장, 글감과 중심 생각, 제목 정하는 법 같은 간단한 내용을 설명했는데, 국어 시간에 늘 들어왔던 내용이라 그리 힘들어하지는 않았습니다. 자칫 시험이라 생각할 수 있을 것 같아 가능하면 감동적인 내용이나 생각해볼 거리가 들어 있는 글들을 골랐는데, 내용이 좋아서 그랬는지 크게 어려워하지 않고 잘 해냈습니다. 저는 해마다 달랐던 우리 반 아이들 수준에 따라 5학년용이나 4학년용을 적절히 섞어서 교재를 마련했으며, 때론 쉽고 때론 좀 까다로운 내용이 나오기도 하나 아이들이 싫증을 내지는 않았습니다.

궁금해하시는 선생님들을 위해 우리 반에서 시도했던 것 중 《DY 학습법 익히기》 6학년 편 한 가지만 소개해보겠습니다.

사람들은 모여 살면서 서로 돕는다. 한 마을에 사는 사람들은 서로 다른 사람의 농사를 돕고, 어촌 사람들도 함께 고기잡이를 한다. 우리들은 한 마을에 모여 살 뿐만 아니라 대한민국이라는 한 나라 안에 모여 산다. 그러므로 우리나라 안의 각 지방 사람들도 서로 돕는다.

우리들은 다른 사람에게도 고마움과 사랑을 느껴야 한다. 우리와 함께 한 마을, 한 고장, 한 나라를 이루고 있는 사람들은 낯모르는 사람이라도 우리들에게 도움과 은혜를 주고 있다. 한여름 뜨거운 햇볕 아래서 논의 김을 매는 사람, 추운 겨울밤 네거리에서 차량의 통행을 돌보는 교통경찰 등 이런 분들이 없으면 우리는 살 수가 없다. 그러므로 우리들은 다른 모든 사람들에게 고마움을 느끼고 모든 사람을 사랑해야 한다.

마을의 길을 넓히고 강에 다리를 놓고 하는 일은 모두 나와 상관이 있는 일이다. 우리 마을과 도시와 나라는 남이 사는 곳이 아니고, 내가 다른 사람과 함께 사는 나의 마을, 나의 도시, 나의 나라이다. 마을과 나라의 발전은 남을 위한 일이 아니고, 나 자신, 우리들 자신을 위한 일이다. 그러므로 우리들은 우리들 전체를 위한 일에 깊은 관심을 가지고, 그러한 일을 이루기 위해 헌신하고 협동해야 한다.

사람이 산다는 것은 서로 도우며 산다는 것을 뜻한다. 그러므로 우리들은 다른 사람들과 서로 사랑하고 협동해야 한다. 이와 같이 한 개인인 내가 바르게 살려면 다른 사람과 함께 바르게 살아야 한다.

1. 몇 문단입니까?
2. 각 문단의 요지는 무엇입니까?
3. 형식은 무엇일까요?
4. 주제는 무엇일까요?
5. 제목은 무엇으로 하면 좋을까요?

이런 학습지를 20회까지 만들어두고 아침마다 한 장씩 하거나 국어 시간이 시작될 때 틈틈이 하기도 하였는데 아이들은 예상했던 것보다 훨씬 재미있어했습니다. 이 연습을 이용해서 책 읽고 밑줄 긋기도 해보고 짧은 글 문단 나누기, 중심 문장 찾기, 글감 찾기, 제목 정해보기, 아름다운 표현 찾기 등을 한꺼번에 할 수도 있습니다. 가능하면 시간을 정해놓고 다 함께 시작하고 다 함께 끝낸 후 스스로 평가하도록 하는 것이 좋습니다. 저는 처음에 6분 35초로 시작했다가 점점 시간을 단축해 3분 20초까지 줄여본 적이 있습니다. 학습지 위에 초 단위까지 기록하면서 재미있어하던 아이들이 많았는데 요즘 아이들은 어떤지 궁금하네요.

"짧은 시간에 정확하게 글을 읽는 연습을 할 수 있는 방법이 있는데 해보지 않겠느냐?"고 아이들에게 한번 물어보세요.

이런 연습에는 초시계가 있어도 좋겠습니다. 저는 이 연습뿐 아니라 토론이나 아침독서 시간에도 초시계를 유용하게 썼습니다.

위 문제의 정답을 궁금해하시는 분들을 위해 여기에 소개합니다.

1. 몇 문단입니까? 4문단
2. 각 문단의 요지는 무엇입니까?
 ― 서로 도우며 사는 사람들
 ― 모든 사람들에게 고마움을 느끼고 사랑해야 함.
 ― 전체를 위한 일에 관심을 갖고 협동하며 헌신해야 함.
 ― 내가 바르게 살기 위해서는 다른 사람과 함께 바르게 살아야 함.
3. 형식은 무엇일까요? 미괄식
4. 주제는 무엇일까요? 다른 사람과 사랑하고 협동하면서 바르게 살자.
5. 제목은 무엇으로 하면 좋을까요? 함께 바르게 사는 생활

미괄식이나 두괄식 같은 말은 단어가 어려워서 걱정하는 분들이 있는데, 초등학교 고학년 아이들은 뜻을 풀어서 설명해주면 생각만큼 어려워하지 않습니다.

최훈 교수님은 《논리는 나의 힘》에서, 논리적인 사고는 지식이 아니라 기술이라고 말합니다. 그래서 누구나 연습하면 그 기술을 키울 수 있

다고 합니다. 그리고 그 기술을 익히는 것은 자전거를 타는 것만큼이나 쉬운 것이어서 누구나 할 수 있다고 하지요. 연습을 통해 몸에 배게 하는 것은 글로 읽은 후 머릿속에 담는 것보다 시간은 오래 걸리지만 한번 습득하면 훨씬 오래 남는다고 합니다.

친구들과 토론을 즐기면서 논리적인 사고력도 기르고, 다른 사람의 입장에서 자신의 의견을 견주어보는 반성적 사고를 통해 보다 객관적이고 합리적인 자기 주장을 정립해 나가며, 예외 부분을 고려하는 창조적이고 대안적인 사고를 자연스럽게 할 수 있게 되었을 때 우리는 토론과 논술로부터도 자유로운, 큰 생각을 가진 존재가 될 수 있지 않을까 싶습니다.

" 교실에서 **토론하기** "

1년 동안 학급에서 아이들과 해야 할 일은 참으로 많습니다. 때로는 선생님들의 학교 업무를 더 빠르고 쉽게 할 수 있도록 도와준다고 들여온 정보화, 전산화가 오히려 선생님들의 노력과 시간을 엄청나게 뺏기도 합니다. 예전에 비해 수업 시간도 줄고 학생 수도 줄었는데 날이 갈수록 선생님들은 더 바쁘시다고 합니다. 게다가 제대로 경험해보지 못한 토론에 논술까지 배워가며 가르쳐야 한다고 하니 마음은 더 쫓기고 무거울 수밖에 없습니다. 그러나 대학 입시의 논술고사 준비를 위해서가 아니라 생각하는 힘을 길러 세상을 보고 사람을 보고 사회 현상을 보는 안목을 키운다는 마음이면 어떨까요?

우리 반은 일주일에 토요일 하루를 거의 토론으로 수업을 진행한 덕분에 토론에 있어서만큼은 다른 어디에 내놓아도 뒤지지 않을 만큼 앞서 나갈 수 있었습니다. 학부모님들도 취지를 이해하고 응원해주었으며, 학교에서도 큰 간섭 없이 자율적으로 수업 시간표를 바꿀 수 있도록 지원해주었습니다.

엄밀히 따져보면 1년 동안 토론만 집중적으로 할 수 있는 수업 시간이 그리 많지 않습니다. 7차 교육 과정 편성을 보면 학습량이 아주 많습니다. 물론 다 다루어야 하는 것이 아니고 선별하여 진행하라고는 하지만, 아이들과 학부모님에게서 "교과서도 다 배우지 않았어요."라는 말을 듣게 되면 그것도 부담스러운 일입니다. 이래저래 어려운 여건이지만 시작이 반이라는 말처럼, 시작하고 보면 앞으로 나아가는 것이 또 사람의 일인 것 같기도 합니다.

저는 토론 수업을 크게 다섯 단계로 나누었습니다. 6학년 담임을 맡으며 우리 반에서 했던 내용을 중심으로, 6개월에 걸쳐 주 1회, 한 번에 두세 시간을 묶어 꾸준히 진행하기로 계획을 세웠습니다. 하지만 실제로는 학교 형편에 따르다 보니 한 달 내내 한 번밖에 못한 적도 있었고, 공개 수업 덕분에 일주일에 두세 번 한 적도 있었으며, 저학년 아이들과 선생님이 보러 온다고 하여 여러 차례 반복한 적도 있었습니다. 여기서 토론 학습 시간이라고 한 것은 물론 글쓰기를 포함한 시간입니다.

토론의 이해 : 왕초보, 드디어 토론과 만나다

- 토론이란?
- 어떻게 하면 토론을 잘할 수 있을까?
- 토론 전개의 방법과 절차 알아보기
- 주장의 6하 원칙으로 논리적이고 설득력 있는 주장 준비하기
- '산타클로스는 있는가?'란 안건으로 토론하기

이 단계는 앞에서 안내한 자료로 수업을 진행하면 좋습니다. 새로운 내용이라 아이들은 눈을 빛내며 참여할 것입니다. 많은 선생님과 부모님들이 '저학년 아이들은 어떻게 할까?', '아이들에게 이 이론을 다 가르쳐야 하는가?' 등을 물어보시는데, 이론은 어른들이 이해하고 아이들에게는 적당한 수준으로 풀어 설명하거나 질문을 통해 아이들이 '생각을 할 수 있도록' 하는 데 초점을 맞추면 좋습니다.

그래도 어렵다 생각하시는 분들을 위해 제가 처음 써보았던 방법을 소개합니다. 아이들도 주장의 6하 원칙을 배우고 설명을 들을 때는 다 알 것 같지만 막상 써보자고 하면 처음에는 선뜻 시작하지 못하고 어려워할 수 있기 때문에, 이런 안내를 해주면 자신감을 가지고 글을 쓸 수 있습니다. 공책 한 쪽 정도 크기의 종이에 다음의 내용을 적당히 배치하여 아이들이 처음부터 부담을 느끼지 않게 틀을 잡아주는 것도 좋습니

다. 몇 번 하고 나면 쓸 공간이 모자라 쓸모없는 일이 되겠지만요.

❶ 오늘 우리가 토론할 주제는 '＿＿＿＿＿＿＿＿'입니다.
❷ 이 주제에 대해 저는 '찬성(또는 반대)'합니다.
❸ 왜냐하면 ＿＿＿＿＿＿＿＿＿이기 때문입니다.
❹ 그것은 ＿＿＿＿＿＿＿＿것이고, ＿＿＿＿＿＿＿＿이며, ＿＿＿＿＿＿＿＿합니다.
❺ 물론 반대하는 입장에서는 ＿＿＿＿＿＿＿＿할 수 있을 것입니다.
　　그렇지만 ＿＿＿＿＿＿하기 때문에 ＿＿＿＿＿＿그보다는 ＿＿＿＿＿＿라고 생각합니다.
❻ 하지만 만약 ＿＿＿＿＿할 수 있다면 ＿＿＿＿＿것입니다.

이렇게 간단한 칸 메우기 수준의 발표 자료를 준비하는 것도 실제로 수업에서 해보면 시간이 많이 걸립니다. 아이들의 수준차도 있으니 당연한데도, 시간에 쫓기는 선생님들이 급한 마음에 다그치게 되면 아이들은 토론에 재미도 들이기 전에 싫어하는 마음이 먼저 생기게 됩니다. 올해 안에 토론 수업을 잘해서 공개 수업까지 해야겠다는 생각은 잠시 접어두고, 기다려주면서 따뜻하게 지켜보는 것이 멀리 보면 더 빨리 잘하게 하는 길이 아닐까 싶습니다. 한 선생님이 요만큼 해서 학년 올려보내면 그 다음 선생님이 이어서 지도해주고… 그랬으면 얼마나 좋을까

꿈으로 꾸어봅니다.

토론의 기초 : 토론, 조금 재미있네

- 주장의 6하 원칙, 연습으로 익히기
- 표준 토론 익히기 (주제를 바꾸어가며)
- 질문이 있는 토론은 어떻게 할까?
- 모두가 심사관

　때로는 부심사관도 심사표를 가지고 판정인처럼 심사하거나, 희망하는 아이들 중에서 판정인의 역할을 선생님과 함께 하고 선생님 대신 심사평도 할 수 있게 하면 변화도 줄 수 있고 재미있는 수업을 할 수 있습니다. 또 가끔은 다른 반 선생님이나 교감선생님, 전담 선생님을 모셔서 심사관 역할을 부탁하면 더 다양한 경험을 할 수 있습니다.

　이때도 선생님들을 힘들게 하는 고민거리는, 아무것도 하려 들지 않고 심사표에 심사도 하지 않은 채 그저 시큰둥한 표정으로 앉아 있는 아이들입니다. 그런 아이들을 보고 있노라면 목이 아프게 설명하다가도 힘이 쭉 빠지고 맙니다. 모든 아이들을 토론에 푹 빠져들게 만들고 싶은 마음은 굴뚝같지만, 그런 마음을 아는지 모르는지 아이들은 저만치에서 서성이고만 있습니다. '왜 그럴까?' 생각해보는 것, 그것이 토론을 가르치며 제가 스스로에게 가장 많이 던진 질문이었으며, 동시에 그 물음에 답을 찾아가는 토론 지도 과정이 가장 큰 기쁨이기도 했습니다. 그전에는 섭섭하기도 하고 답답하기도 했지만요.

그런데 아이들의 생각은 어땠을까요?

토론 공부를 하면서 주장하는 글에서 주장과 근거를 알맞게 제시하는 능력이 조금 나아지는 것 같았고 토론에 대해 많이 배웠다. 그리고 토론이 아주 중요하고 재미있다는 것을 알았다.
무슨 일이 일어났을 때 어떻게 하려 할 때 자신의 주장만 내세우지 말고 토론을 통해 하는 것도 좋다고 생각한다. 난 아직 토론에 직접 참여해보지는 않았지만 부심사관이 되어 심사하는 것도 재미있었다.

토론 즐기기 : 토론, 우리도 제법 한다!

- 정규 토론 해보기
- 토론자들의 역할과 토론 전개 원칙 알고 토론하기
- 질문의 힘, 우리 모두가 질문자

토론자들의 역할과 토론의 전개 원칙을 자세히 설명하면 너무 어려워서 아이들이 지루해하거나 힘들어할 수 있습니다. 저는 역할에 충실한 토론을 강요하기보다는 아이들이 보여주는 열정적인 참여도나 창의적인 생각에 더 중점을 두었기 때문에 이 원칙을 크게 강조하지는 않습니다.

토론 형식도 다양하게 시도할 수 있습니다. 저는 처음에는 대표 토론을 하다가 나중에는 아이들의 흥미와 참여를 유발하는 방법들을 제 나름대로 적용해보기도 했습니다. 그중 하나가, 토론이 끝난 뒤 부심사관으로 참여한 아이들 누구나 질문자가 될 수 있게 하는 것이었습니다. 찬성·반대 어느 팀이나 질문할 수 있게 하고 한 사람이 한 번만 질문할 수 있게 해서, 어떤 질문이 그날의 최고 질문인지 함께 찾아보게 하였는데 그것도 아이들이 아주 좋아하는 방법이었습니다.

아이들은 자신이 직접 참여하면 더욱 흥미를 느끼게 됩니다. 그리고 같은 방법을 서너 번만 반복하면 또 새로운 것을 원하게 되므로 선생님들은 끊임없이 새로운 방법을 찾아내려고 노력해야 합니다. 토론을 공부하면서 저 역시 늘 새로운 방법을 찾으려고 애써야 했습니다. 지금 와서 생각해보면 오히려 아이들이 교사를 창의적으로 만드는 것 같습니다.

이럴 때 같은 학년 선생님들이나 학교 안팎에 토론 공부 모임이 있다면 얼마나 좋을까요? 그러면 한 사람이 한 가지씩만 생각해와도 1년 동안의 수업 방법이 멋지게 준비될 수 있을 텐데요.

첫해에는 혼자 했지만 그 다음해는 반마다 토론이 활기를 띠고 진행되어 다양한 토론 학습이 이루어질 수 있었습니다. 토론이 꼭 같은 방식으로 통일되지 않더라도 상관없습니다. 학교 토론 대회를 할 때는 형식이 통일되지 않으면 힘은 들지만 나름대로 의미가 있었다고 생각합니다. 서로 다른 형식으로 해보고 더 좋은 방법으로 통일하는 것이 낫겠다고 생각되면 그때 바꾸어도 되니까요.

선생님들을 가장 힘들게 하는 것 중의 하나는 도무지 아이들이 질문할 줄 모른다는 사실입니다. 질문하는 법을 어떻게 가르칠까 걱정되겠지만 저는 아이들에게 맡겨두어도 좋다고 생각합니다. 토론을 진행하며 기다리다 보면 어쩌다 한두 명은 예리한 질문을 하는 아이가 생기게 마련입니다. 그때 그 질문을 높이 평가하며 격려해주면 아이들은 아주 솔깃해하며 금방 이해하고 서로에게서 배우게 됩니다. 때때로 선생님께서 심사평을 하실 때 "그 상황에서 이런 질문이 나올 수 있었는데 나오지 않아서 상대방이 더 유리하게 되었어요."라는 의견을 덧붙이면 다음 토론에서는 분명 달라진 모습을 발견할 수 있을 것입니다. 우리 반에서는 시간이 지나면서 토론자로서보다 질문자로 참여하겠다는 아이들이 많아져서 고민이 될 정도였습니다.

학급 토론 대회 : 토론, 더 새로운 거 없나?

- 모둠별 토론 대회
- 대회에 직접 참여하지 않는 모둠은 대회 준비 돕기

• 학급의 모든 아이들이 참여하는 토론

아이들은 아무리 재미있는 토론이라도 같은 것을 반복하면 쉽게 싫증을 냅니다. 그래서 주제를 다양하게 제시하거나 방법을 달리하여 진행하는 것이 좋습니다. 이쯤 되면 아이들은 거의 한 번씩 토론자가 되어 본 적이 있고 다른 역할들도 한 번씩 경험한 상태일 것입니다. 이럴 때 학급 토론 대회를 열어보면 좋습니다.

학급 토론 대회는 모둠별로 참가하게 합니다. 대회를 앞두고 모둠을 조직한다고 하면 관심들이 폭발하는데, 우리 반에서는 공평한 기회 부여가 원칙이었으므로 무작위로 뽑는 '제비뽑기'를 좋아했습니다. 모둠 조직이 끝나면 학급 알림판에 참가 모둠 소개나 주제를 알리고 대회 모형으로 교실을 꾸밉니다. 가능하다면 동영상으로 기록을 남겨두는 것도 좋습니다. 역할을 나누어 맡는다면 훌륭한 학급 잔치가 될 수도 있을 것입니다.

토론 주제는 대회마다 다르게 할 수도 있고, 같은 주제로 모둠만 달리하여 할 수도 있습니다. 시교육청에서 주관하는 대회는 하나의 주제를 정해 토너먼트 형식으로 진행합니다. 그러나 아이들은 새로운 것을 좋아하는 경향이 있으므로 일주일씩 시간을 두고 각각 다른 주제로 시도해보는 것도 좋습니다. 우리 반 아이들의 경우는 다른 주제로 하는 것을 더 좋아하였습니다.

토론 대회 준비 : 토론, 우리가 간다

- 토론 주제 정하기 (보통 주관하는 측에서 안건을 제시합니다.)
- 팀 구성하기 (학년 대표나 학교 대표를 뽑는 대회가 될 수 있습니다. 아이들이 1년 동안 토론을 하며 서로 지켜보았으니 스스로 뽑는 것도 좋습니다.)
- 토론 대회 준비하기

6학년을 마치며 우리 반 아이가 썼던 글입니다.

6학년에 올라와 '토론'을 참 깊이 있게 배웠다. 5학년 때까지는 논설문까지 배웠는데 '주장의 6단 논법'이라는 것을 배우면서 토론을 처음 알게 되었다. 토론을 잘하기 위해서 토론 형식에 맞추어가면서 토론 원고를 참 많이 썼다. 일반적인 안건으로 찬반 토론한 것도 좋았지만 내 기억의 중앙에 커다랗게 자리 잡고 있는 것은 바로 생명공학의 발전에 대하여 찬반으로 토론했던 토론 대회였다. 생명공학이란 생소한 분야에 대해서도 이제 뉴스나 인터넷에서 보게 되면 무슨 말인지 귀에 쏙쏙 들어오게 되었다. 토론을 하며 배우지 않았다면 뉴스에 나와도 관심도 없었을 텐데, 이제는 생명공학에 대한 기사나 보도가 나오기만 하면 제일 먼저 관심을 갖는 내가 되었다.

저녁 늦게까지 학교에 남아 공부했던 적은 이번이 처음이었다. 그래서 더 기억에 남는 것 같다. 이젠 어디서나 6하 원칙으로 잘 말할 수 있을 것 같다.

또 이런 아이도 있었습니다.

토론이라…. 나는 6학년이 되기 전에는 토론을 싫어했고 또 글도 못 써서 발표하기를 싫어했다. 그러나 친구들이 하는 토론을 듣는 것은 좋아했다. 그런데 토론 공부를 하다 보니 참가하는 것도 참 즐겁고 점점 반대와 찬성을 따지며 여러 가지 이유를 말하는 것도 재미있었다.

토론을 하면서 나날이 실력이 느는 것을 느꼈다. 처음에는 말을 더듬었지만 나는 차츰 나아지고 있다는 사실을 알게 되었고 사고방식을 바꾸려고 노력을 하게 되었다.

토론을 하면서 이기기도 하고 지기도 하였지만 공부는 된 것이다. 특히 듣기, 말하기, 쓰기에 도움이 되었다.

" 부모님과 함께하기 "

아이들은 확실히 강의식 수업보다 토론·토의식 수업을 좋아합니다. 하지만 이 방법으로 수업을 조직하고 이끌어 나가기란 그리 쉽지 않습니다. 수업 효과가 다른 방식의 수업에 비해 획기적으로 좋은 것 같지도 않고, 아이들의 참여도 적극적인 소수의 아이들로 한정되기도 합니다. 게다가 교육 과정 운영상 학습해야 할 분량은 너무 많고 처리해야 할 다른 업무도 결코 만만치 않습니다.

　그런 까닭에 아이들의 흥미와 수준을 고려한 수업을 설계하고 준비하여 적용하고 싶어도 한계가 있는 것이 현실입니다. 아이들이 떠들고 집중을 안 하다 보니 조금 시도해보다 접어버리고, 그냥 선생님이 설명하고 질의 응답하는 전통적인 일제 수업의 형태로 돌아가는 경우도 많습니다.

집에서도 마찬가지입니다. 부모님들이 토론하는 방법을 정확하게 알고, 사회적으로 찬반 의견이 나누어져 있는 것에 대해 논리적 근거나 경험적 증거에 따라서 자신의 주장을 말하고 토론에 참여할 수 있도록 이끌어주어야 하는데 이 역시 결코 쉬운 일이 아닙니다. 간단한 대화조차 좋은 분위기에서 시작하고 끝내기가 쉽지 않으니 부모와 아이들 사이에도 점점 소통이 어려워지고, 끝내는 서로가 "우리는 대화가 안 돼."라며 거리를 두다가 돌아서게 됩니다.

그런데 학교에서 토론을 정식으로 가르치고 나니 "아이들과 대화가 잘 되어서 좋다."라며 부모님들이 정말 만족해하였습니다. 물론 모든 집에서 다 그런 것은 아니었지만 저는 토론 수업에서 작은 희망을 보았습니다.

그럼, 집에서는 어떻게 토론을 해볼 수 있을까요?

집에서도 토론할 수 있을까요?

학교에서 하는 토론 대회처럼 정식으로 하는 토론이라면 좀 어렵겠지만 집에서 간단히 가족끼리 하는 토론이라면 학교보다 훨씬 재미있고 뜻 깊은 대화의 시간이 되리라 생각합니다. 몇 가지 약속을 정하고 원칙만 지킨다면 말이지요.

저는 학교에서 아이들에게 토론에서 고려해야 할 약속과 원칙을 안내해주고, 적어도 일주일 전에 토론 주제를 제시하여 집에서 준비해오도록 하였습니다. 여기서 준비를 해온다는 것은 낭독할 원고를 써온다는 뜻이 아니고, 주장을 뒷받침할 만한 증거 자료나 예들을 폭넓게 찾아온다는 의미입니다. 물론 이런 자료들을 이용해서 말할 내용을 개요로 정리해오거나 준비하는 일은 가능합니다.

처음에 저는 원고를 미리 써와도 된다고 하여 아이들의 부담을 덜어주었습니다. 아이들도 처음에는 꼼꼼하게 원고로 써오지만 몇 번 하다 보면 저절로 개요 정도로 준비해오게 되니 너무 염려하지 않아도 좋습니다.

학교에서 하게 될 토론에 앞서 가족끼리 서로 입장을 바꿔가며 연습해보는 것도 의미 있는 공부가 될 것입니다. 정식으로 토론을 하는 자리에서는 찬성의 입장이 될지 반대의 입장이 될지 알 수 없으므로, 두 입장에서 각각 생각해보고 자료도 찾아와야 하니까요. 이럴 때 상대방의 입장이 되어 연습해보는 일은 집에서 할 수 있는 훌륭한 토론 공부입니다. 저는 실제로 이런 과제를 함께 해주신 부모님들께 인사를 많이 받은 기억이 납니다. 그분들은 아이가 커가면서 언제부터인가 대화가 잘 되지 않는다고 느꼈는데 토론 과제를 함께 하면서 자연스럽게 대화가 가능해졌다며 기뻐하셨습니다.

토론에서는 부모님들의 도움이 매우 절실하게 필요합니다. 안건을 공지하고 난 뒤 알림장에 협조를 부탁드리는 '알림 쪽지'를 다음과 같이 부모님께 보내드리면 좋겠습니다.

부모님께

요즘 우리 아이들 참 바쁘지요?

학급문고를 열어 책도 함께 읽고 드디어 토론 공부도 시작하였습니다. 혹시 아이가 집에 와서 여러 가지 질문들을 하지는 않았는지요? 아마 앞으로는 "엄마 아빠, 우리도 토론해봐요."라는 말을 자주 듣게 될 것입니다.

그럴 때 "공부는 혼자 하는 거야. 혼자 좀 조용히 공부할 수 없니?"라거나, "학원에 가서 물어보고 와."라는 말씀은 하지 마시고, "어떻게 하는 건지 설명해줄래?" 이렇게 말씀하시며 들어봐 주십시오. 그러고는 "왜?" "왜 그렇게 되는 거지?" "정말 그래?"라고 자꾸 물어봐 주시면 좋겠습니다.

그럼, 먼저 주장하는 글의 6하 원칙에 대해 아이의 설명을 들어주십시오. 이 6하 원칙이 무엇인지, 왜 하는지, 그리고 이해가 잘 되지 않는 부분은 아이에게 질문을 하십시오. 설명을 잘하지 못하거나 충분히 하지 못하면 다시 학교에 가서 듣고 오게 하여 이해할 수 있도록 설명해 달라고 요구하십시오. 그리고 토론의 규칙에 대한 설명도 함께 들어주십시오.

충분한 설명을 들은 뒤에는 토론 방법과 절차를 의논하여 정해서 따로 정리해두고 직접 토론을 해보시면 어떨까요?

아이가 찬성 편이 되어 자신의 주장을 펼 때 부모님은 반대 편이 되어주시고, 다음에는 서로 입장을 바꾸어서 약식 토론을 전개해보는 것입니다. 그리고 무엇보다 우리 아이에게 많은 질문을 해주세요.

그리고 다음날에는 반드시 어제의 질문에 대한 답변을 들어주십시오. 그때 사용하는 어휘의 종류와 수준도 주의 깊게 살펴보시면서, 토론을 통해 우리 아이의 언어 능력이 얼마나 달라졌는지 지켜봐 주세요.

토론 공부에는 정답이 있는 것이 아닙니다. 입장이나 상황이 바뀌면 생각도 달라집니다. 그러니 아이의 의견을 두고 '맞는가, 틀린가?'로 판단하지 않아도 됩니다. 또 우리 아이가 '도덕적인가, 그렇지 않은가?' 하는 잣대를 갖다 대지 않는 것이 좋습니다. 토론이 끝나면 아이 스스로 생각하고 판단하게 될 테니까요. 그리고 그때 하는 생각은 그전과는 분명 다를 것입니다. 아이는 우리가 믿는 대로 자란답니다. 믿음을 가지고 아이들을 지켜봐 주십시오.

토론은 반드시 판정인이 있어 심사 후 승패를 결정지어야 하는데, 집에서 여기까지 하기는 쉽지 않겠지만 판정 기준을 참고하여 역할을 바꾸어가며 시도해보아도 좋을 것 같습니다. 즐거운 대화와 토론으로 따뜻한 시간 되시기를!

이 공부를 하면서 특히 아버님들께 고맙다는 인사를 많이 받았습니다. 아이와 왠지 대화가 잘 되지 않는다고 느끼고 있던 차에 공통의 화제로 이야기를 나눌 수 있어 좋았다거나, "우리도 학교 다닐 때 이런 공부를 했더라면 얼마나 좋았을까요?" "어른이 되어서 생각해보니 무엇보다 필요한 공부가 바로 이런 게 아닐까 싶습니다." "우리 큰애한테도 좀 가르쳐주실 수 없을까요?" 같은 인사를 알림장에 적어 보내오기도 하셨습니다.

찬성이나 반대로 자신의 주장만 고집하는 것이 아니라, 오히려 자신의 생각과 반대의 입장이 되어서 토론에 참여하겠다는 아이들도 있었습니다. 우리 반 아이 중 한 명이 했던 말입니다.

"선생님, 저는 심정적으로는 찬성하지만, 그렇기 때문에 이번엔 반대의 입장이 되어서 토론해볼래요."

아이들이 보고 있어요

토론을 어떻게 정의하느냐에 따라 다르겠지만, 집에서 하는 토론이라면 '토론식 대화'라고 표현하는 것이 적절할 것입니다. 토론식 대화라면 저는 언제라도 좋다고 생각합니다. 오히려 어릴수록 좋지 않을까 싶습니다. 고정관념이 생기기 전, "왜?"라는 질문이 아주 자연스러운 때니까요. 무릎 위에 앉힌 후 눈을 들여다보며 주고받는 대화가 이렇게 이루어질 수 있다면 얼마나 좋을까요?

부모님이 위에 설명한 사고방식을 확실히 익힌 다음 자연스런 대화를 통해 논리적으로 생각하고 설득력 있는 주장을 펼 수 있도록 이끌어주는 겁니다.

한 가지 조심해야 할 것은, 절대로 우리 아이가 부모님이나 어른들로부터 논리적인 사고력을 기르기 위한 질문을 받고 있다거나 책 읽은 내용을 확인받고 있다는 느낌이 들지 않도록 질문을 던져야 한다는 것입니다.

"이 문제에 대해 너는 어떻게 생각하니?"

"왜 그렇게 생각했을까 신기하네."

"그런 생각을 뒷받침할 만한 경험이라도 있었니?"

"만약 너와 반대되는 생각을 가진 사람이라면 어떤 생각을 할 수 있을까?"

"네가 나라면 너는 어떻게 하겠니?"

"만약 둘 중에 하나를 선택해야만 한다면 너는 어느 쪽을 선택할 거니?"

"그렇지만 혹시 네게도 좋고 나한테도 좋은 방법은 없을까?"

이런 질문에 대해 처음부터 완벽한 답을 기대할 수는 없을 것입니다. 처음에는 아무 대답도 듣지 못할 수도 있습니다. 그러나 이런 질문을 다정하게 한 후 끈기 있게 답을 기다려주는 부모님과 어른들의 자세에서 우리 아이들은 비로소 깊이 생각하는 것이 무엇인지 알게 됩니다. 또한 상대의 이야기에 진심으로 귀 기울이는 자세도 함께 배우게 될 것입니다.

흔히 요즘 아이들이 남의 이야기를 진지하게 듣지 않는다고 걱정하곤 합니다. 그러나 잘 듣지 않는 것이 말을 제대로 하지 못하는 데서 비롯되는 것은 아닌지 그 이면을 생각해볼 필요가 있습니다. 상대방의 이야기가 논리정연하고 객관적이며 듣는 사람을 배려하는 겸손한 의견이거나 주장이라면 아마 더 쉽게 귀 기울이게 할 수 있을 것입니다.

평소에 집이나 학교에서 이런 사고의 원칙을 기억하며 자신의 생각을 정리하는 연습을 꾸준히 한다면, 그리고 학교에서 대화와 토론을 통해 자신의 생각을 전할 기회를 자주 갖게 된다면, 즉흥적이고 단편적인 생각이나 일방적으로 자신의 입장에서만 문제를 보는 태도는 저절로 사라지게 될 것입니다. 어떤 문제나 갈등 상황에 부딪혔을 때도 이런 생각의 단계를 거쳐서 자신의 문제를 해결해 나가게 한다면 학교나 사회, 가족 간의 미묘하고도 많은 문제들은 아예 생겨나지도 않을 것이며, 설령 문제가 생기더라도 보다 합리적이고 민주적으로 해결할 수 있을 것입니다.

가족과 함께하는 토론, 시작에서 마무리까지

'간단한 가족 회의도 하기 힘든데 토론을?' 이라고 생각하실 분이 있을지도 모릅니다. 집에서 가족들이 모여 토론을 하는 것은 사실 매우 어렵고 힘든 일입니다. 하지만 일단 해보면 '재미있네!' 라고 생각하시게 될 것입니다. 그것이 토론의 매력이기도 합니다.

집에서 가족과 함께 토론할 때는 다음 사항에 유의하여 진행하는 것이 좋습니다.

첫째, 집에서 가족이 토론할 때는 우선 함께할 약속을 정합니다.
- 주장의 6하 원칙 기억하며 말하기
- 상대방이 내놓은 이유에 대해서만 집중 토론하기
- 발언 시간, 순서 확인하고 잘 지키기

둘째, 토론할 주제를 정합니다.
- 교과서 지문이나 책에서 가치 갈등 상황을 나타내는 주제
- 정책이나 방향 결정을 위한 주제
- 사실 여부를 판단하기 위한 주제
- 요즘 우리 사회의 중심 화제가 되고 있는 주제

셋째, 찬반 입장을 정합니다.
- 제비뽑기로 찬성·반대 입장 정하기
- 토론 형식 정하기

주제에 대해 잠시 생각을 정리하고 자료를 준비할 시간을 가져도 좋습니다. 제비뽑기를 하여 찬성·반대를 정할 때는 ○이 표시되어 있는

쪽지를 뽑은 사람이 무조건 찬성 입장에 서게 됩니다. 1대 1, 또는 2대 2 등과 같이 어떤 토론으로 할 것인지 형식을 정하고 양 팀이 동등하게 발언 시간과 작전 시간을 갖도록 합니다.

넷째, 토론에서의 역할을 정합니다.
- 사회자 1
- 판정인 1
- 발언자
- 질문자

다섯째, 토론을 합니다.
- 간단하게 자기 소개하기
- 토론하기

토론은 반드시 찬성 발언이 먼저 있고 이어서 반대 발언이 있습니다. 찬성과 반대 발언이 각각 끝날 때마다 상대 쪽의 질문자 1명과의 질의 응답이 있을 수 있습니다.

이렇게 찬성-반대의 대결을 1회전으로 하여 계속해서 2회전, 3회전으로 팀 토론을 전개할 수도 있고, 집에서 1대 1로 할 때는 1회전을 3회 정도 반복할 수도 있습니다.

이때 토론자는 자신의 의견을 '주장하는 말·글의 6하 원칙'에 맞추어서 하도록 노력하고, 질문자나 반대 토론자는 논리의 허점을 찾아 지적하면서 자신의 주장도 6하 원칙에 맞추어 펼치도록 합니다. 그러나 마지막 발언은 반대 연사가 먼저 발언을 하고 찬성 연사가 맨 나중에 발언하도록 순서를 정합니다. 1회전과 2회전 사이에는 작전 시간을 둘 수도 있습니다.

여섯째, 판정으로 승패를 정합니다.
- 심사하기
- 승패 결정
- 심사평

찬반 토론을 할 때는 판정인이 있어 심사를 해야 합니다. 그리고 심사 결과는 반드시 1점이라도 차이를 두어 승자와 패자를 분명히 하는 게 좋습니다.

심사를 할 때는 판정 결과에 대하여 분명한 근거를 댈 수 있어야 하고, 일정한 원칙과 기준을 가지고 토론을 평가할 수 있어야 합니다. 그리고 토론 마지막의 정리 단계에서 심사평을 들려줌으로써 토론자들이 자신의 실력을 향상시키려면 앞으로 어떻게 해야 하는지 알 수 있게 하는 것이 좋은데 사실 이 부분은 참 어렵습니다.

집에서 토론을 할 때는 다음과 같은 말로 아이에게 판정인의 역할을 맡기는 것도 좋은 방법입니다.

"학교에서 선생님이 하시던 대로 한번 해볼래? 엄마랑 아빠도 배워야 하니까."

일곱째, 토론을 마무리합니다.
- 느낌 발표
- 글쓰기

토론 마무리의 핵심은 주제에 대해 글로 써보는 것입니다. 토론을 보고 난 뒤의 생각이므로 찬성이든 반대든 자신의 입장을 정하여, 오롯이 자신의 생각이 잘 드러나게 써야 합니다. 주장하는 글의 6하 원칙을 생각하면서 쓰면 크게 어려워하지 않고 누구나 잘 쓸 수 있습니다.

많은 연구자들의 보고에 의하면 아이들의 독서 습관 형성은 열다섯 살이 넘으면 힘들어진다고 합니다. 무슨 일이든 그 일을 이루기에 적당한 때가 있는 것 같습니다. 아이들이 평생 간직해야 할 좋은 습관인 책 읽기와 이야기 나누기, 너무 늦기 전에 마음과 힘을 모아야 하지 않을까요?

토론 또한 마찬가지가 아닐까 합니다. 세상 모든 일이 왜 그렇게 되는지, 어떻게 해서 그렇게 되어가는지 궁금해서 "왜?"라고 묻지 않을 수 없을 때, 그래서 끝없이 묻고 또 물을 때, 그러한 때가 5월의 바람처럼 가버리기 전에, 우리는 우리 아이들에게 논리적이고 합리적으로 생각하는 법과 설득력 있게 자신의 주장을 펴는 방법을 익힐 수 있도록 끊임없이 질문하고 격려하고 이끌어주어야 할 것입니다.

토론 수업에도 기술이 필요해요

우리 이렇게 토론해요

제4부

토론 수업
따라하기

" 토론 수업에도
기술이 필요해요 "

토론 수업을 처음 시작하는 선생님들을 생각하며 이 글을 정리하는 내내 저는, 제가 처음 토론을 만났을 때를 생각했습니다.

제가 22년간 초등학교에서 아이들을 가르치며 한 해도 거르지 않고 가장 관심을 가졌던 것은 '어떻게 하면 우리 아이들이 일기 쓰기를 재미있게 느끼도록 할 수 있을까?'와 '평생 책 읽는 습관을 가지게 하려면 어떻게 해야 할까?'였습니다. 이것은 우리 집 아이에게 알려주고 싶은 것이기도 하고, 또 제가 꼭 갖고 싶은 습관이기도 합니다. 무엇보다도 학교에서 아이들 일기를 보면서 아이들과 마음으로 가까워지는 것이 좋았고, 그 안에 담긴 아이들 모습이 너무나 고왔기 때문입니다.

저의 학급 경영은 거의 이 두 가지를 중심으로 짜였고, 10년쯤 하고 나니 우리 반 아이들의 특기로 자리 잡게 되었습니다. 둘 다 쉬운 일은 아닌 만큼 오히려 어렸을 때부터 자연스럽고 재미있게 익혀서 몸에 배게 하면 어떨까 생각한 것이지요.

그러나 독서와 일기 쓰기 지도를 10년 넘게 하면서도 늘 목말랐던 것이 좀 더 적극적인 토론·토의 학습이었습니다. 《조벽 교수의 명강의 노하우&노와이》를 보면, '선생님이 질문하고 스스로 답하는 수업은 하수들의 수업, 선생님이 질문하고 학생이 답하면 조금 발전한 수업, 학생이 한 질문에 선생님이 답하면 바람직한 수업, 최고수의 수업은 학생이 한 질문에 다른 학생이 답하도록 유도하는 것'이라고 하지요. 늘 최하수이거나 거기서 조금 발전한 수업밖에 못하는 저는 부끄럽고도 답답하였습니다.

그 즈음에는 선생님들을 위한 책으로 거의 유일했던 것이 《새교육》과 《교육자료》뿐이었는데 그곳에서 일본 선생님들의 수업 기술에 관한 책을 번역해 보내주는 부록들을 보며 수업에도 기술이 필요하다는 것을 알게 되었습니다.

하지만 늘 '어떻게?'라는 의문은 풀리지 않았습니다. 그러다 그 당시 우리나라에 막 소개되기 시작한 신세대 토론을 알게 되었고, 운이 좋아 조금 먼저 배울 수 있었습니다.

저는 우리 반 아이들이 책읽기를 하고 싶어 못 견디게 만든 뒤에야 비로소 책읽기를 시작하였듯이, 토론을 소개하면서도 그렇게 무심코 지나가는 말처럼 한마디 던졌습니다.

"너희들의 책 읽는 수준은 어느 정도 된 것 같은데 거기 비해 언어 능력은 생각보다 높지 않은 것 같구나."

"……?"

"언어 능력이 뛰어난 사람이 사고력이 풍부한 사람이 되고 또 학습 능력이 우수한 사람이 된다는데 말이지."

"……?"

이렇게 말하면 아이들은 언어 능력이라는 것이 무엇인지 무척 궁금해합니다. 그리고 어떻게 해야 그런 능력을 기를 수 있는지를 알고 싶어 하지요.

그럴 때 최대한 뜸을 들인 후 언어 능력이란 무엇이며 어떻게 키워지는지 살짝 설명해주면 됩니다. 그러면 아이들은 "아하, 그렇구나!" 하며 조금은 마음을 놓습니다. 아주 어렵거나 아무나 키우기 힘든 능력이 아니라 마음만 먹으면 누구나 재미있게 배울 수 있는 것이라는 설명을 듣고 나면 어서 하고 싶어 합니다.

물론 답은 '토론을 하면 가장 효과적으로 키워진다!' 입니다.

아하! 언어 능력

사람은 누구나 언어로 생각하고 말과 글로 표현하며 생활을 영위해 나갑니다. 보통의 경우 일상적으로 이루어지는 단순한 일들에서는 크게 느끼지 못하지만, 수준 높은 생각이 담긴 글을 읽고 이해해야 하거나 또 직접 말이나 글로 표현해야 할 때, 그리고 상대방을 설득하거나 감동을 주고자 할 때는 그만한 수준의 생각을 할 수 있어야 비로소 가능합니다.

우리가 학교에서 아이들에게 가르치고 있는 많은 것들은 어쩌면 이 언어 능력을 기르기 위한 것이 아닐까 생각해봅니다. 아이들의 수준과 흥미를 고려하여 여러 부분의 학습을 경험하게 하고 다양한 종류의 지식을 습득하게 하는 것은, 보다 수준 높은 생각을 이해하고 또 표현할 수 있도록 하기 위한, 즉 종합적인 언어 능력을 길러가는 과정은 아닐까요?

그렇다면 이러한 언어 능력을 기르는 데 가장 효과적인 방법은 무엇일까요? 지금까지 우리는 '많이 읽고 많이 생각하고 많이 쓰는' 방법을 선택해왔으며 아이들에게 그렇게 하도록 지도해왔습니다. 그러나 제 경험에 비추어봤을 때 무조건 많이 읽고 많이 생각하고 많이 써야 한다고 가르치기보다 다음과 같은 방법을 통해 저절로 언어 능력을 기르도록 해주는 것이 효과적이었습니다.

- 먼저 읽고 싶은 생각이 들도록 자극을 준 다음 스스로 찾아 읽게 하고 (독서 지도)
- 생각을 깊고 넓게 하는 방법을 가르쳐서 (6단계로 생각하기)
- 보다 커지고 풍부해진 생각을 말로 표현해보고 (토론하기)
- 토론의 결과를 자기 나름대로 글로 정리해보기 (글로 써보기)

운동 기능을 익히고 숙달되게 하려면 우리는 개인적인 연습도 많이 해야 하지만 가끔은 경기를 하기도 합니다. 승패가 결정되는 긴장감 속에서 치열하게 전개되는 경기 경험을 통해 아이들은 혼자서는 도저히 익힐 수 없는 다양한 경기력을 기를 수 있으며, 비약적인 실력 향상을 경험하게 됩니다. 저는 언어 능력을 기르는 데도 같은 원리를 적용해볼 수 있다고 생각합니다.

6하 원칙을 기억하며 생각하는 훈련을 충분히 하게 한 다음, 그렇게 준비된 아이들을 하나의 문제에 대해 상반된 의견을 가진 양측으로 나눕니다. 그리고 일정한 규칙에 따라 토론을 전개해가면서 승패를 결정하는 경험을 통해 언어 능력의 획기적인 변화와 발전을 느껴보게 하는 것입니다.

이제 그 토론 학습의 첫걸음을 옮겨보려는 선생님들을 위해 우리 반 경험을 소개하겠습니다.

" 우리 이렇게 토론해요 "

우리 반 토론 사례 1 : 산타클로스는 있는가?

다음은 우리가 6단 논법으로 토론하기를 배우고 가르칠 때 자주 인용되는 한 편의 글입니다. 저는 처음 김병원 박사님으로부터 토론을 배울 때 이 글을 받아 읽고 토론의 매력에 푹 빠져버리게 되었습니다. 세상에는 쉽게 설명이 안 되는 부분이 많은데 박사님이 소개한 이 글은 그런 상황에서 제게 많은 도움을 주었습니다.

   6단 논법의 충분한 이해를 위하여 여기에 그 글을 소개합니다. 이 글은 가능하면 토론을 위한 예문보다 아이들의 동기 유발을 목적으로 사용하면 좋을 것 같습니다.

   먼저 아이들에게 '산타클로스는 있는가?'라고 묻습니다. 그런 뒤 있다고 생각하는 사람과 없다고 생각하는 사람을 나누어 손을 들게 합니다. 그 전에 산타클로스가 있는지 없는지 나름대로 확실히 알게 되는 나이가 초등학교 2학년 정도라는 것, 유치원 다니는 아이들은 대부분 아직 산타클로스는 있다고 믿는다는 것, 그런데 1학년 아이들은 있는지 없는지 오락가락하는 나이라는 이야기를 미리 해놓으면 비교적 진지하고 솔직하게 손을 듭니다. 그리고 1학년은 누군가가 강하고 설득력 있게 '있다'고 주장하면 그렇게 믿게 되고, 또 '없다'고 강하게 주장하는 사람이 있으면 없다고 믿게 되는 나이라고 다시 한 번 덧붙이는 것도 좋습니다. 이는 그냥 제가 지어낸 말이었는데 이 설명에 아이들은 비교적 긍정적인 반응을 보였습니다.

그러면 우리 반 아이들도 그 나이 정도에 산타클로스의 존재 여부를 확실히 알게 되었던 것일까요? 확실히 알 수는 없지만 그냥 그렇게 넘어갔습니다.

그런데 미국에도 그런 아이가 있었나 봅니다. 초등학교 1학년 여자아이가 학교에 갔다 와서 아버지에게 산타클로스가 진짜 있는지 질문을 했다고 합니다. 저는 아이들에게 물었습니다.

"아버지가 뭐라고 답하셨을까?"

"'있다'고 했을 것 같아요."

"왜?"

"'없다'고 하면 아빠가 거짓말쟁이가 되잖아요. 그 전에 선물도 주었는데."

또 다른 아이는 반대 의견을 내놓았습니다.

"저는 '없다'고 했을 것 같아요. 이젠 진짜를 알아야 하니까요."

"무엇이 진짜일까?"

"……."

아이들의 재미있는 대답을 몇 개 더 듣고 이야기를 나눈 다음, 아버지의 답을 소개하였습니다. 즉답을 피하고 "《뉴욕 선》지에서 있다고 하면 있는 거다."라고 하셨다고 하니 아이들은 "에이!" 그랬습니다.

"그래서 그 아이는 어떻게 되었어요?"

"아이도 대단해. 편지를 썼대."

"우와, 정말요?"

"진짜야."

그리고 나서 다음 편지를 읽어주었습니다.

《뉴욕 선》지 편집장님께

저는 여덟 살입니다. 저의 친구들 중에 산타클로스가 없다는 애들이 있습니다. 아빠는 "《뉴욕 선》 신문에서 있다고 하면 있는 거다."라고 하십니다. 사실을 말씀해주세요. 산타 할아버지는 있나요?

뉴욕 시 서부 95가 115번지

1897년 9월 21일 버지니아 오할론 올림

이 짧은 편지는 뉴욕에 살고 있던 버지니아 오할론이라는 여섯 살 소녀가 당시 유명한 일간지 《뉴욕 선》지 편집장 앞으로 쓴 것이라고 합니다. 저는 한국 나이로 고쳐 여덟 살이라고 하며 읽어주었는데, 그렇게 하면 우리나라 초등학교 1학년 나이와 같아 이야기를 진행하는 데 좋을 것 같았기 때문입니다.

만약 여러분이 이런 질문을 받는다면 어떤 답장을 보내시겠는지요? 산타클로스가 있다고 대답한다면 그 근거로 어떤 설명을 할 수 있을까요? 만약 없다고 생각하시는 분이라면 왜 그렇게 생각하는지 설명할 수 있을까요?

오할론의 편지에 《뉴욕 선》지 편집장은 아주 친절한 답장을 보내주었습니다. 이 글이 널리 알려져 100년이 지난 오늘날에도 크리스마스 때가 되면 새롭게 신문에 실리곤 한답니다.

그런데 얼마 전 저는 크리스마스도 아닌데 우리나라 일간지에 이 편지가 실린 것을 보았습니다. 낯익은 글이 실렸기에 웬일인가 싶기도 하고 반가운 마음에 자세히 들여다보았습니다. 물론 인용하는 관점은 전혀 달랐는데, 그 일간지에서는 오래전 그 시대에 신문은 진실만을 말하는 매체였다는 것과 지금은 그렇지 못한 현실을 견주어보며 안타까워하는 의견이었습니다. 제대로 생각하고 사고하는 사람이 신문을 만들게 되면 우리나라도 신문에서 말하는 것을 그대로 믿게 될 날이 올까요?

우리 반 아이들에게 처음 "산타클로스는 있는가?"라고 물었을 때, 90퍼센트는 '없다'고 하고 나머지는 '있다'가 아니라 '있는 것 같다'고 하였으며, 단 한 사람만 '있다'고 하였습니다. 그래서 왜 그렇게 생각하는지 설명해보라고 하였습니다. 다들 우물쭈물하며 명확한 근거를 대지 못하고, 성탄 선물이나 어린 시절의 기억 한 자락 또는 아이들에게 꿈을 주기 위해 있어야 하지 않을까 등의 이야기를 하다 그만 다 함께 웃고 말았습니다.

왜 그랬을까요? 평소에 이런 문제를 진지하게 생각해보지 않은 이유도 있겠지만 설명하기가 결코 만만치 않다는 사실을 우리는 알 수 있었습니다. 그래서 그날은 거기까지만 하고 집에 가서 부모님과도 이야기를 나누어본 다음 다시 생각을 정리해오라고 하였습니다.

다음날, 아이들은 학교에 오자마자 산타클로스의 존재 여부로 이야기꽃을 피우더니 빨리 함께 공부해보자고 졸라댔습니다. 공부하자고 조르는 아이들을 보는 즐거움이라니!

부모님과 나눈 이야기와 각자의 생각을 바탕으로 다시 조사하였더니 처음과 생각이 달라진 아이들도 많이 있었습니다. 아이들은 너무 쉽게 부모님의 의견을 따른다는 생각이 들기도 했지만 그저 잘했다고 말해주었습니다.

그런 다음 주장의 6하 원칙에 맞추어 정리해보라고 하였습니다. 20분 정도 시간을 정해주고 글을 쓰게 한 뒤 다시 10분 정도 마무리할 시간을 주었습니다. 쓰기 싫어하는 아이들의 집중 시간을 늘리기 위해 저는 시간을 짧게 나눠 쓰는 방법을 자주 시도하였습니다. 그리고 마지막으로 5분 정도 더 주어서 최종 발표할 내용을 정리하게 하였습니다.

그러고는 바로 팀 토론의 형태로 접근하였습니다. 찬성 팀과 반대 팀으로 나누어 세 사람씩 토론 형태로 만들어진 교실 앞 공간으로 나와서 발표를 해보게 하였습니다. 아이들은 나름대로 6하 원칙에 맞추어 발표를 했지만 여전히 서투르고 자신 없어 하는 표정들이었습니다.

그래서 아래의 글을 나누어준 후 읽어보게 하였습니다. 그랬더니 그제야 모두 고개를 끄덕였습니다. 그러고는 비로소 모두들 '산타클로스는 있다'라고 생각하게 되었습니다. 90퍼센트의 생각이 바뀐 것입니다. 무엇이 우리 아이들의 마음을 바꾸게 하였을까요?

사랑하는 버지니아 양에게

버지니아 양의 친구들이 옳지 않습니다. 의심이 많은 시대에 태어났기 때문에 그 영향을 받았겠지요. 요새는 눈에 보여야만 믿는 이들이 많습니다. 지각의 영역은 조그마한데도 그 작은 지각 능력 속에 들어오는 것만이 세상에 존재한다고 생각합니다. 어른이든 어린이든, 그가 갖고 있는 지각은 조그마할 뿐입니다. 이 거대한 우주는 그 속에 사는 인간의 지각으로만 감당할 수가 없습니다. 그렇습니다. 산타클로스는 존재합니다. 그의 존재는 마치 사랑과 관용과 헌신이 존재하는 것처럼 확실합니다. 버지니아 양이 잘 알고 있듯이 사랑과 관용과 헌신은 우리 주위에 넘쳐흘러서 삶에 아름다움과 기쁨을 가득 채웁니다. 오! 만일 산타클로스가 존재하지 않는다면 이 세상이 얼마나 황량해질까요! 마치 버지니아 양이 이 세상에 존재하지 않는 것과도 같이, 산타클로스가 없다면 세상은 황량해질 것입니다. 이 세상을 그런대로 살아갈 수 있으려면 어린아이와 같은 믿음도 있어야 하는데, 만일 산타가 없다면 그런 것들도 다 없게 될 것입니다. 어린 시절에 충만하던 영원한 빛이 꺼지고 말 것입니다.

산타 할아버지가 없다고요? 요정이 어디 있느냐는 것과 같습니다. 구할 수 있는 사람을 다 구해서 크리스마스 전날 밤 집집마다 굴뚝을 모두 지키라고 아빠에게 부탁한다고 합시다. 그렇게 한다고 해도, 산타가 오는 것을 본 사람은 하나도 없을 것입니다. 그러나 그렇다고 해서 그것이 산타가 존재하지 않는다는 증거는 아닙니다. 세상에서 가장 분명한 실존은 어린이나 어른이 눈으로 볼 수 없는 것들입니다. 요정이 잔디밭에서 춤추는 것을 본 적이 있나요? 세상에는 눈에 보이지도 않고 볼 수도 없는 놀라운 일들이 많은데, 그 놀라운 것들을 인간이 모두 생각해내고 다 상상할 수는 없습니다. 아기가 갖고 노는 딸랑이는 부수어보면 그 속에 무엇이 있기에 그런 소리를 내는가 알아볼 수 있습니다. 그러나 세상에는 가장 힘센 사람들이 모두 힘을 합쳐서도 도저히 부수고 들여다볼 수 없는, 베일로 감싸인 안 보이는 세계가 있습니다. 다만 믿음만이, 상상만이, 시만이, 사랑만이, 그리고 로맨스만이 그 커튼을 열어서 거기에 있는 초자연의 아름다움과 영광을 목격하고 그려볼 수 있습니다. 그런 것들도 모두 실제로 존재하느냐고요?
오, 버지니아 양! 이 온 세상을 다 뒤져보아도, 그보다 더 분명하게 존재하고 실존하는 것은 없습니다. '산타클로스가 없다!' 천만에요. 산타 할아버지는 살아 있습니다. 그리고 영원히 살아 있을 것입니다. 지금부터 천 년이 지나도 산타 할아버지는 어린이들의 가슴속에 기쁨을 주면서 영원히 살아 있을 것입니다.

《뉴욕 선》지 편집장 프랭크 처지

참 명쾌한 설명이지요? 물론 아이들이 6하 원칙을 꼭 집어낼 수 있도록 순서대로 잘 정리되어 있다고 할 수는 없지만 이해하기 쉽게 쓰인 글이라는 느낌이 들지 않나요? 독해 수준에 따라 조금 어렵게 느껴질 수도 있지만 함께 읽어가며 6단계를 찾아보는 것도 좋습니다.
  그러면 6하 원칙이 어떻게 녹아들어 있어 우리 아이들의 고개를 끄덕이게 만들었는지 알아볼까요?

  '산타클로스는 존재하는가?' 라는 안건에 결론은 '그렇다' 입니다.
  이유는 '세상에는 지각할 수 있는 세계와 지각할 수 없는 세계가 있는데 산타는 지각할 수 없는 세계에 속하기 때문' 입니다.
  이제 설명을 해야겠지요.
  '사랑과 관용과 헌신과 믿음과 시 등은 직접 지각할 수 있는 것이 아니지만 이들은 존재한다. 그러므로 지각할 수 없는 산타클로스도 존재한다'는 것입니다.

반론에 대한 고려도 해야 합니다.

'그러나 책상이나 딸랑이처럼 눈에 보이는 것만을 존재하는 것이라고 정의할 때에는 산타클로스란 없다고 생각할 수 있다.'

그리고 이러한 반론을 나의 주장과 견주어보아야겠지요.

'그렇지만 사실상 보이지 않는 세계의 존재를 인정해야 한다. 사랑, 관용, 헌신, 믿음, 시처럼 눈으로 꿰뚫어볼 수 없는 베일 너머에 있는 것들을 단지 눈에 보이지 않는다는 이유만으로 부인한다면 인간의 삶은 황량해질 것이다. 보이지 않는 세계도 인간 세계의 일부분이다. 뿐만 아니라 보이지 않는 세계야말로 이 세상을 더 이상 황량하지 않게 하는 부분이다'라고 한다면 더욱 설득력 있는 주장이 되지 않을까요.

마지막으로 정리 단계입니다.

'보이는 것만을 존재한다고 개념 정의를 하면 산타클로스 모습을 한 인형이나 성탄 때 산타클로스 역할을 하는 배우들의 존재만 인정하는 것이다. 그러나 현실적으로 보이지 않는 세계를 인정해야 하므로 보이지 않는 산타클로스도 존재한다'고 정리할 수 있습니다.

저는 아이들에게 앞으로 우리가 하게 될 토론을 잘 공부하게 되면 이런 질문에 대해서도 자신의 생각을 명확하게 정리하여 위와 같은 수준의 답장을 보내줄 수 있게 될 것이라고 덧붙였습니다. 그때 아이들의 눈이 얼마나 초롱초롱 빛났던지요.

좋은 것을 보면 따라하고 싶은 것이 사람의 마음입니다. 좋은 글을 보면 우리도 그렇게 쓰고 싶고, 좋은 것을 보면 좋은 생각이 떠오르고, 좋은 사람을 보면 그런 사람이 되고 싶은 것, 그래서 저는 우리 아이들에게 가능하면 좋은 것을 보고, 좋은 느낌을 간직하고, 좋은 사람들을 만나게 해주고 싶었습니다. 책을 읽고 글을 쓰고 생각을 나누며 함께하는 학교생활이 모두 오래 잊을 수 없는 좋은 기억이 되게 해주고 싶었습니다.

다음은 학교에서 '주장하는 글의 6하 원칙'을 처음 배운 뒤 집에 가서 부모님께 설명해드리고 대화를 나누고 나서 쓴 아이들의 글입니다. 맛보기 글로 쓰일 수 있을 것 같아 찬성, 반대 두 편을 옮겨봅니다.

찬성 주장의 예

'산타클로스는 있는가?'라는 안건에 대해 저는 있다고 생각합니다.

왜냐하면 서양에서 오래전부터 전해져 내려온 이야기이기 때문입니다.

저는 기독교인이 아니라 별다른 관심이 없어서 유래는 잘 모르겠지만,

기독교의 역사적 사실과 신앙의 신비로운 체험 등을 미루어볼 때,

그리고 인간의 힘은 무한해서 믿고 소망하면 이루어지듯이 산타클로스도

어디엔가 실제로 있다고 생각합니다.

물론 산타클로스가 없다고 생각하는 사람들도 있을 것입니다. 그 사람들은

아무도 본 사람이 없기 때문이라거나, 두고 간 선물을 받아본 적이 없다고

말하겠지만, 내가 보지 못했다고 존재하지 않는 것은 아닙니다.

이 광대무변하고 오묘한 세상에서 우리 정신이 살아 있는 한 어디엔가

산타클로스도 실제로 있으며 세계의 어린이들에게 꿈과 희망을 심어주고

있으리라 믿습니다.

반대 주장의 예

'산타클로스는 있는가?' 라는 안건에 대해 저는 아니라고 생각합니다.

왜냐하면 산타클로스는 실제로 존재하지 않기 때문입니다.

한 가정에 두 명의 어린이가 있다고 보고 그중 한 명만 착하다고 가정해도

산타클로스는 약 1억 6천만의 가정을 방문해야 합니다.

또 산타클로스는 가정과 가정집 사이를 이동하는 데도 엄청난 시간과 속도가

필요합니다. 그리고 산타클로스가 운반해야 할 어린이 선물의 무게와 양도

만만치 않고 또 많은 사슴도 필요합니다.

산타클로스는 엄청난 무게의 선물 꾸러미를 썰매 뒤에 싣고, 많은 사슴들이

끄는 썰매를 타고, 몇 초 만에 굴뚝으로 들어가 쉬지 않고 가정을 방문해야

하는데 그것은 불가능한 일이기 때문입니다.

물론 산타클로스가 있다고 생각하는 사람들은 텔레비전에서 산타클로스가

실제로 나왔다고 해서 그렇게 생각할 수도 있겠지만, 그 산타클로스가

진짜라는 근거는 없습니다. 예전부터 산타클로스는 어린이들의 마음에

'선물을 주는 할아버지'로 기억되고 있습니다. 찬성 측 말대로라면 지금의 산타클로스는 200살도 훨씬 넘었을 것입니다. 아주 오래전부터 '할아버지'로 기억되고 있으니까요.

그래도 이 주제는 좀 어렵지요? 게다가 '6단 논법'이라는 말과 '6하 원칙'이라는 말이 여기저기 섞여 있어서 좀 혼란스러울 것 같습니다. 서로 다른 의미가 아니고 같은 뜻으로 사용되었는데 저는 처음에 김병원 박사님께 6단 논법으로 배웠습니다.

그런데 아이들에게 설명하다 보니 6단 논법이란 말보다 6하 원칙이란 말을 더 편하게 받아들이고 재미있어하였습니다. 또 다른 6하 원칙과 구별하기도 좋다고 하여서 저는 나중에 주장의 6하 원칙, 이야기 글의 6하 원칙, 기사 글의 6하 원칙 등을 '6하 원칙'으로 통일하여 썼습니다.

자, 그러면 이번에는 조금 더 쉬운 주제로 주장의 6하 원칙을 공부해 볼까요?

우리 반 토론 사례 2 : 텔레비전 시청 시간에 대하여

진수가 숙제를 한 지 40분이 지났다. 그때 텔레비전에서 재미있는 프로그램을 하기 시작했다. 그래서 잠깐 머리도 식히고 휴식을 취할 겸 텔레비전을 보기 시작했는데 그때 어머니가 방에서 나왔다.

"진수야, 아빠가 텔레비전은 쉴 때만 보라고 했지?"

"지금이 쉴 때라서 보는 거예요."

"벌써 숙제를 다 했다는 거야?"

"숙제가 세 가지나 되는데 어떻게 한꺼번에 다 해. 엄마는!"

"그래도 숙제를 다 하고 봐야지. 하다 말고 텔레비전을 보면 어떻게 하니?"

그때 옆에서 신문을 보고 있던 진수 아버지가 두 사람의 대화를 듣고 짜증스럽게 말했다.

"쉴 때만 보게 하든지 아니면 아예 텔레비전을 없애버려. 진수 공부 못하겠어. 내가 쉴 때 보라는 건 일요일이나 국경일 같은 공휴일에 보라는 것이었어."

이 말을 들은 진수 어머니의 목소리도 커졌다.

"아니, 어떻게 텔레비전을 없애요? 요새 텔레비전 없는 집도 있답니까? 동네에 소문나겠어요. 사람들이 모이면 텔레비전 프로 이야기가 꼭 한두 번은 나오는데 그때마다 나는 뭐가 되고요?"

"뭐야, 남편 말을 한 번이라도 들어봐, 좀. 당신은 언제나 날 무시해. 당신이 그러니 애들도 내 말을 우습게 듣고 이러지."

"그러는 당신은 진수 교육에 대해 관심이 있기라도 해요? 뭐 안다고 무조건 아내 말이라면 무시해요?"

"당신이야 저녁 내내 텔레비전 앞에 붙어 있으니까, 남편은 없어도 텔레비전 없이는 못 살지?"

"그러는 당신이야말로 허구한 날 밤늦게 들어오니까 텔레비전이 있든 없든 무슨 상관이겠어요?"

진수는 자기 때문에 어머니 아버지가 언성을 높이며 싸우는 것을 보자 갑자기 텔레비전이 보기 싫어졌을 뿐 아니라 공부도 안 되고 괜히 화만 났다.

이 글을 쓴 다음 선생님들께 보여드렸더니 "우리 집 이야기네."라며 웃으셨습니다.

글 속에서 진수 어머니의 주장과 아버지의 주장은 상반됩니다. 찬성, 반대가 분명한데요. 토론에서도 재미있는 주장이 많이 나왔습니다. '산타클로스는 있는가?'에서처럼 어떤 주장인지를 놓고 6하 원칙에 맞추어 따져보는 것도 아주 재미있고 좋은 공부였습니다.

〈진수 아버지의 입장에서 주장한 글〉

- 1단계(안건)

  텔레비전을 없애야 하는가?

- 2단계(결론)

  텔레비전을 없애야 한다.

- 3단계(이유)

왜냐하면 진수의 공부에 방해가 되기 때문이다.

- **4단계(설명)**

왜 방해가 되느냐 하면 텔레비전의 유혹이 너무 강하기 때문이다. 그래서 기회만 있으면 진수가 텔레비전을 보려고 한다. 텔레비전을 보는 시간에는 공부를 할 수가 없다. 그래서 텔레비전을 없애버리면 그 유혹도 없어지게 된다.

- **5단계(반론에 대한 고려)**

그렇지만 텔레비전은 어디를 가나 쉽게 접할 수 있다. 나가기만 하면 만화가게나 친구 집 등 어디에나 있어서 보고 싶은 마음이 있으면 어떻게라도 텔레비전을 볼 수 있을 것이다. 아마 텔레비전이 집에 없기 때문에 더 보고 싶어질 것이며, 또 텔레비전을 보려고 친구네 집이나 만화가게를 자주 왔다갔다 하다 보면 많은 시간을 뺏기게 돼 결국 공부 시간이 그만큼 줄어들게 될 것이다. 그러나 남의 집에 너무 자주 갈 수도 없는 일이고 만화가게도 돈이 있어야 갈 수 있으니 그것은 돈을 주지 않으면 된다. 결국 진수를 텔레비전으로부터 떼어놓기 위해서는 집에서 없애버려야 한다.

- **6단계(정리)**

텔레비전의 유혹이 없는 공부 환경을 만들기 위해서는 집에서 텔레비전을 없애는 방법이 최선이다. 그리고 텔레비전을 보려고 외출하지 않겠다는 약속을 받고 지키게 하면 될 것이다.

〈진수 어머니의 입장에서 주장한 글〉

- **1단계(안건)**

　텔레비전을 없애야 하는가?

- **2단계(결론)**

　텔레비전을 없애면 안 된다.

- **3단계(이유)**

　우리 인간은 텔레비전을 지배하고 살 수 있기 때문이다.

- **4단계(설명)**

　텔레비전의 유혹은 강하다. 그렇다고 그 유혹을 이기지 못해 텔레비전을 없애는 것은 옳지 않다. 그것은 텔레비전의 유혹과 지배에 굴복하는 것이다. 또 세상의 텔레비전을 다 없앨 수는 없다. 마치 사탕이나 술, 담배, 만화책 등을 다 없앨 수 없는 것과 같다. 이 모든 것들은 우리에게 필요한 면을 가지고 있다. 우리가 사용하기에 따라서 꼭 있어야 되는 것들이다. 텔레비전도 그런 면에서 꼭 있어야 한다. 다만, 그것을 우리 가족이 지배당하지 말고 다스려야 한다. 무슨 프로그램을 얼마나 보느냐를 정하고 그대로 지키면 텔레비전을 지배할 수 있다. 그것은 진수에게도 마찬가지라 할 수 있다.

- **5단계(반론에 대한 고려)**

　텔레비전의 유혹이 강하기 때문에 그 유혹을 뿌리치기가 쉽지 않다고 생각할 수 있다. 하지만 세상의 텔레비전을 모두 없앨 수는 없는 것이 현실이고, 만약 아이가 집 밖에서 텔레비전을 본다면 어떻게 막을 것인가? 보려고 마음만 먹으면 얼마든지 볼 수 있다. 언제나 따라다니면서 막을 수는 없다. 그러므로 집에 있는 텔레비전만 없애는 것으로는 문제가 해결되지 않는다.

- **6단계(정리)**

그러므로 텔레비전을 없애지 말아야 한다. 다만, 텔레비전 보는 규칙과 방법을 정하여 그대로 지키면 아무리 텔레비전의 유혹이 강력하더라도 이길 수 있으며, 우리가 텔레비전을 지배하며 통제해서 이롭게 사용할 수 있을 것이다. 또 공부에 도움이 되는 프로그램을 보게 함으로써 두 가지 문제를 해결하는 방법도 있을 수 있으므로, 진수의 의견을 들어서 합리적으로 해결하는 것이 근본적인 답이 될 수도 있을 것이다.

아이들에게 어느 주장이 더 논리적이고 설득력 있는가 물었습니다. 우리 아이들은 어떤 선택을 하였을까요? 여러분들은 어떻게 생각하나요?
한 달에 두 번 이웃 학교에서 있었던 공개 수업을 참관하고 그 수업에서 얻은 이런 예문들을 가지고 다시 우리 반에서 토론 수업을 진행하던 초기에, 저는 수업 내내 답답하고 조마조마한 마음이었습니다. 좀 더 구체적인 질문을 해오거나 더 깊이 알고 싶어 하는 아이들을 만났을 때, 또 내가 하고 있는 수업이 제대로 가고 있는지 도무지 자신이 없었을 때가 많았기 때문이지요. 요즘은 토론에 관한 책들도 많이 나와 있고 신문마다 토론 주제와 보기 글이 있으며, 인터넷 신문에서도 이론부터 실전 연습문제까지 연재하고 있어서 얼마나 좋은지 모르겠습니다.

다음은 우리 생활에서 흔히 일어날 법한 일 가운데 한 가지를 선택하여 토론해본 것입니다. 이 글은 김병원 박사님께서 이야기 글의 6하 원칙을 설명하시며 수업하신 것인데, 저도 그대로 요약해보고 그 안에서 아이들이 스스로 안건을 찾아내게 하여 토론으로 이끌어줄 수 있었습니다.

비교적 토론 첫 단계에서 함께 해볼 수 있는 주제라 생각합니다.

우리 반 토론 사례 3 : 누나와 동생 사이

영미는 동생 영호를 사랑하고 아낀다. 둘은 한 살 터울로 영미는 6학년이고 영호는 5학년이다. 학교도 같이 다니고 서로 재미있게 놀 때도 많지만 영호는 가끔 누나의 속을 상하게 할 때가 있다.
"엄마, 나 오늘 성미하고 태주하고 같이 공부한다."
"오늘도?"
"응, 우리 집이 넓어서 좋대."
"그러려무나."
동생 영호가 또 친구들을 집으로 부르려고 해도 엄마는 아무 말 없이 그냥 받아주려고 한다. 영미로서는 그대로 넘길 수 없었다.

"엄마! 일주일에 한 번씩만 친구 데려오기로 했잖아?"

"그러기로 하기는 했지만…."

이틀 전에 영호 친구 성미와 태주가 집에 와서 함께 시간을 보냈다. 공부하러 온 건지 놀러 온 건지, 아무튼 영호 방에서뿐만 아니라 온 집이 자기네 차지처럼 밤늦게까지 있다가 갔다. 그때 엄마, 아빠 그리고 영미 남매가 가족회의를 했다. 그리고 이제부터는 영미든 영호든 꼭 일주일에 하루만 친구를 집으로 초대하기로 정했다.

그런데도 영호는 그 약속을 잊어버리고, 그저께 성미와 태주를 불렀는데 오늘 또 부른다는 것이 아닌가. 엄마는 그저 "그러려무나." 하고 넘어가려 하지만, 영미는 그럴 수가 없었다.

"영호야, 가족회의 때 한 약속을 지켜야지."

"누나가 뭔데 자꾸 그래!"

"뭐라고?"

"누나도 지난주에 두 번이나 친구 데리고 왔잖아!"

"그건 가족회의에서 결정하기 전이었지."

"누나, 자꾸 왜 그래! 가족회의도 누나가 그렇게 하자고 그래서 그렇게 된 거잖아."

"뭐라고? 그럼 그때 반대하지, 당시엔 너도 찬성해놓고는 이제 와서 왜 그래?"

"누나는 친구가 없으니까 그런 거잖아!"

"내가 왜 친구가 없니?"

"내가 말을 안 하려고 그랬는데, 누나는 어제도 싸웠다면서 뭘! 진짜 친구도 없잖아! 선미 누나가 그러는데 누나는 따지기만 잘해서 인기가 없대 뭐!"

선미는 영미의 친구다. 별로 친하지도 않고 그저 두 번째로 같은 반이 되어서 자주 만나는 사이였다. 정말 친한 친구는 미아다. 미아는 8동에 살면서도 영미와 매일 학교에 같이 가고 같이 돌아온다. 그런데 선미는 같은 3동에 살면서도 영미와 별로 친하지 않다. 그런 선미가 하는 말을 동생 영호가 그대로 듣고 누나의 속을 상하게 한 것이다! 영미는 정말 자존심이 상하고 마음이 아팠다.

이런 때에도 동생 영호를 사랑하고 아껴주어야 하는가? 알 수가 없다. 학교에서 배운 대로라면 다 같이 잘 살기 위해 서로 사랑하고 아껴야 한다. 그래서 영미는 가족에게나 친구들에게나 이웃 사람들에게 그런 마음으로 대하며 다 같이 즐겁게 살려고 생각하고 행동을 한다. 그러나 가장 가깝다고 할 수 있는 동생이 누나를 사랑하고 아끼기는커녕, 가족회의에서 결정한 것을 지키자고 해도 미련스럽게 억지만 쓰고, 누나는 친구도 없고 인기도 없다고 무시하면서 남의 옳지 않은 말만 믿고 약을 올린다. 그런데도 영미는 동생을 사랑하고 아껴주어야 하는가?

먼저 이야기 글의 6하 원칙으로 요약해볼까요?

❶ 주인공은 누구인가요?

　영미 또는 영미와 영호

❷ 어떤 상황에 처해 있나요?

　이틀 전 동생 영호의 친구들이 집 안을 차지한 채 밤늦게까지 있었던 일 때문에 가족회의를 열어, 이제는 누구나 일주일에 한 번만 친구를 초대하기로 정했다. 그런데 영호가 오늘 또 이번 주에만 두 번째로 친구들을 데리고 온다는데 엄마는 이를 허락하려 한다.

❸ 동기는 무엇이었을까요?

　영미는 가족회의에서 정한 것을 어기려는 영호를 막기로 하였다.

❹ 그래서 어떤 행동을 하였나요?

　친구를 데려오는 것은 안 된다고 하면서 가족회의 약속을 지키라고 하였다.

❺ 방해하는 요소가 있나요?

　동생 영호가 가족회의 전에 영미가 일주일에 친구를 두 번 데리고 온 것을 지적하고, 가족회의도 누나가 그렇게 이끌었다고 주장하면서, 또 엉뚱하게 누나 친구인 선미 말대로 누나는 친한 친구도 없고 인기도 없다고 비난을 해서 영미는 자존심도 상하고 마음도 아팠다. 게다가 엄마까지 약속을 어기려는 동생 영호의 제안을 받아주려고 한다.

❻ 결과는 어떻게 되었을까요?

결과가 어떻게 되었는지 글에는 나타나 있지 않습니다. 아마 다음 두 가지 중 하나일 것입니다.

―그래도 영미는 동생을 사랑하고 아낀다.

―그래서 영미는 동생을 사랑할 수도 아낄 수도 없게 되었다.

자, 이제 안건을 찾아볼까요?

아이들은 어렵지 않게 '그래도 영미는 동생을 아끼고 사랑해주어야 하는가?'라고 찾아냈습니다. 그리고 토론을 전개하였는데, 이 주제는 굳이 집에서 준비를 해오지 않아도 되는 것이어서 잠깐 동안 시간을 주고 '주장하는 글의 6하 원칙'에 맞추어 자신의 생각을 정리해보라고 한 뒤 바로 토론으로 전개하였습니다.

토론이 끝나고 나서 곧이어 글쓰기를 하였는데 그중에서 찬성, 반대 한 편씩 골라보았습니다. 혹시 어떻게 쓸까 막막해하며 앉아 있는 아이들이 있다면 다음 예를 잠깐 읽어주면 어떨까 합니다.

찬성 주장의 예

영미는 그래도 동생 영호를 사랑하고 아껴야 한다고 생각합니다.

왜냐하면 영호는 늘 같이 살고 학교에 같이 다니는 하나뿐인 동생이기 때문입니다. 누나에게는 동생을 사랑하고 아껴주어야 할 의무가 있습니다.

세상에서 가장 가까운 사람은 아빠와 엄마이고 그 다음이 형제니까요.

가까운 사람끼리는 오래 같이 살기 위해서 서로의 잘못을 용서해주고

잘못을 깨닫게 해주어야 할 의무가 있습니다.

동생 영호는 가족회의에서 자기도 찬성해서 결정한 규칙을 지켜야 한다는

것을 다시 깨닫고 배워야 합니다. 만일 규칙을 정하고도 지키지 않으면

다음에는 규칙도 필요 없게 되고 자기 마음대로 하려 들 테니까요.

또 옳은 말을 해주는 누나에게 "누나는 친구도 없다."고 말한 것은

거짓말입니다. 선미가 말한 것을 가지고 "누나는 인기도 없다."고 말한

것도 거짓말입니다. 왜냐하면 영미에게는 이미 친한 친구도 있고,

인기가 없는지는 몰라도 그건 별 상관이 없기 때문입니다. 누나와

이야기하면서 이야기와 관계없는 인기 이야기를 꺼내서 누나에게

대드는 것은 버릇없는 짓입니다.

물론 자꾸 그렇게 하도록 내버려두면 점점 버릇이 나빠져서 나중에는

사랑이 뭔지도 모르고 약속도 지키지 않는 그런 사람이 될 수 있으니까

그냥 넘어가면 안 된다고 말하는 사람이 있을 수도 있습니다. 하지만 정말

동생을 사랑하고 동생이 잘못을 알도록 타일러준다면 동생도 자신의 잘못을

알고 오히려 더 좋은 사람으로 자라게 될 것입니다.

그러므로 누나라면 어린 동생을 하나씩 옳게 타이르고 계속 사랑하고

아껴주어야 한다고 생각합니다. 만일 그렇지 않고 동생 영호와 싸우고

때리고 미워하면 누나보다 힘이 더 셀지도 모르는 동생이 같이 싸우고

때릴지도 모릅니다. 그렇게 되면 더 큰 싸움이 되어서 가족 전체가 함께 살기 어려워질 것입니다.

그렇지만 잘못은 분명히 고쳐주고 나서 아끼고 사랑해주면 더 좋을 것입니다.

반대 주장의 예

동생 영호가 아무리 제멋대로 굴어도 여전히 누나가 동생을 사랑하고 아껴주어야 한다는 안건에 반대합니다. 그렇게 말하는 것은 듣기에는 좋습니다. 그러나 실제로 그렇게 하는 것이 좋을까요? 가족회의에서 결정된 규칙을 어기고 엄마에게 친구를 데려오겠다고 말하는 영호를 그냥 두면 규칙이 무슨 소용이 있겠습니까? 또 규칙을 지켜야 한다고 말하는 누나를 보고 왜 그러느냐고 대들고, 엉뚱하게 누나는 인기도 없고 친구도 없다고 오히려 약을 올리고 있습니다. 그것을 어떻게 그냥 둡니까? 잘못을 저지르면 사랑을 받을 수 없고 아껴주지도 않는다는 사실을 배워야 합니다. 잘못하는 행동을 바로잡기 위해서 누나는 동생을 미워해도 됩니다. 그리고 사람인데 그런 동생을 어떻게 여전히 사랑할 수 있겠습니까? 물론 그래도 동생이니까 아끼고 사랑해주어야 한다고 할 수는 있을 것입니다. 하지만 저는 오히려 동생이니까 아끼고 사랑해주어서는 안 된다고 생각합니다.

만일 계속해서 동생의 잘못을 감싸주기만 하면 동생의 버릇이 점점 더 나빠져서 나중에는 사람들의 손가락질을 받거나 사람들이 싫어하는 사람이 될 수도 있을 것입니다. 또 영호가 어렸을 때부터 약속을 잘 지키지 않고 약속을 별로 중요하게 여기지 않고 자라면 나중에 커서 중요한 약속이나 임무를 하찮게 여겨서 사회생활을 할 때 큰 손해를 입을 수도 있습니다. 그때 야단치고 가르치지 않은 누나를 원망해봐야 무슨 소용이 있겠습니까?

그렇지만 동생이 어리니까 또 동생이니까 딱 한 번이나 두 번 정도는 용서하고 잘 타일러주는 것이 좋습니다. 하지만 계속 그런 행동을 한다면 아무리 동생이라도 계속 사랑할 수는 없습니다.

'음, 제법이네!'라고 생각되지 않는지요? 저는 아이들이 토론하는 것을 보면서 속으로 많이 놀랐습니다.

이 토론에서는 사랑하고 아끼는 것과 약속을 지키게 하고 버릇을 고치는 것은 구분되어야 한다는 주장을 한 친구가 큰 박수를 받았던 기억이 납니다. 그리고 "나무라고 버릇을 고쳐주는 것은 미워하는 것 같지만 그것도 사랑에서 나오는 것이 아닐까?" "그러면 진정한 사랑은 무엇이며 어떻게 하는 것일까?" 라는 물음들을 진지하게 던지는 아이들도 있었습니다. 그날 써낸 일기 글을 살펴보니 친구들의 질문과 생각을 들으며 자신들도 깜짝 놀랐다고 적어두었습니다.

이런 주제로 토론을 해보면 아이들은 자신의 경험을 예로 드는 경우가 많았습니다. 사람들은 의외로 가까운 사람들 사이에서 더 많은 상처를 받는 것 같습니다. 가족도 그런 관계가 될 가능성이 있지요. 아이들이 써낸 글을 살펴보면, 집에서 부모님과 동생이나 언니 오빠 사이에서 상처받은 아이가 토론 과정에서 상대방의 입장이 되어봄으로써 스스로 치유하게 된 경우들도 있습니다. 아이들의 여리고도 의젓한 마음을 엿볼 수 있게 해준 토론 주제였습니다. 이럴 때 과연 누가, 이것은 틀렸고 저것은 맞는다고 판정하거나 심사할 수 있을까요? 그래서 그런지 저는 토론하는 그 과정이 참 좋았습니다. 아이들도 저도 자신을 돌아보고 친구들의 생각을 이해할 수 있는 기회를 가져보는 것이 더 중요하다고 생각했기 때문입니다.

어느 초등학교에서 선생님들과 어머님들이 수업을 참관하는 가운데 토론 수업을 진행하다가 있었던 일입니다. 아이들이 써낸 글을 살펴보는 과정에서 한 아이의 글을 함께 읽고 이야기를 나누었습니다. 처음에는 토론 주제에 맞춰 글을 쓰다가 끝에 가서는 어머니와 동생 사이에서 느끼는 자신의 억울한 심정을 주제와 상관없이 절절히 써내려간 글이었습니다. 수업 연수를 마치고 난 뒤 어머니들은 유난히 그 아이의 이름을 궁금해하셨습니다. 얼굴이 빨개져서 혹시 자기 아이가 아니냐며 묻는 어머님들도 더러 있었습니다.

다음에 소개하는 '토끼도 못 잡은 사자'나 '훈장과 곶감' 같은 주제들은 우리가 흔히 알고 있는 우화를 읽을거리로 하여 토론 수업을 진행한 것입니다. 이 주제로 토론하는 수업을 보고 난 뒤로 저는 우화를 그냥 쉽게 읽고 넘어갈 수가 없었습니다.

'음, 이걸로도 토론할 수 있지 않을까?'

늘 그런 생각이 들었기 때문입니다.

우화에서 찾은 토론 사례 1 : 토끼도 못 잡은 사자

배고픈 사자가 숲을 여기저기 뒤지던 중에 나무 그늘에서 잠자고 있는 토끼 한 마리를 발견하였다.

"야, 웬 토끼냐! 작기는 하지만 배고픈데 큰 것 작은 것 가릴 수 있냐!" 하면서 침을 꿀꺽 삼키고는, 살금살금 다가가는 중이었다.

그런데 바로 그 순간, 옆 숲 속에서 갑자기 '후닥닥!' 하고 사슴 한 마리가 놀라 튀어나왔다. 사슴이 놀라는 바람에 사자도 순간적으로 놀라 멈칫하고 있을 때, 사슴은 벌써 저만큼 멀리 달아나고 있었다.

"아무렴! 사슴과 토끼를 비교할 수는 없지! 사자의 진짜 먹이는 저 사슴이렷다!"

이렇게 생각하면서 사자는 눈앞의 잠자는 토끼를 뒤로 버려둔 채, 곧바로 머리와 몸을 왼쪽으로 돌려서, 달아나는 사슴을 향하여 쫓기 시작하였다.

그러나 아무리 사자라도 이미 저만큼 앞서서 '걸음아 날 살려라!' 죽을 힘을 다하여 달아나고 있는 사슴을 따라잡을 수가 없었다. 얼마 안 가서 지쳐

버린 사자는 그만 사슴을 포기하기로 마음먹었다.

"아이고, 숨 차라! 이제 그만 얼른 돌아가서 잠자는 토끼나 잡아먹어야겠구나."

못내 아쉬운 마음으로 사자는 잠든 토끼가 있는 곳으로 되돌아왔다. 그러나 이를 어쩌나! 사자가 사슴을 잡으려고 쫓아가는 소리에 놀라 잠을 깨었는지, 조금 전까지도 잠을 자고 있던 토끼가 이제 그 자리에는 없었다.

이것은 저학년 아이들이 많이 읽는 우화입니다. 이 글을 읽고 토론한다면 안건을 어떤 것으로 할 수 있을까요? 우리 반에서는 '사자가 사슴을 잡으려고 한 것은 잘못이다'라는 안건으로 토론을 하였는데 아이들 생각이 재미있었습니다.

찬성 주장의 예

저는 '사자가 사슴을 잡으려고 한 것은 잘못이다'라는 안건에 찬성합니다.

왜냐하면 배가 고파 힘이 없는 사자가 자신의 바로 앞에 잠자는 토끼가

있었는데도 불구하고 벌써 저만치 도망을 가버린 사슴을 잡으려고

뛰어간다는 것은 좀 어리석기 때문입니다.

사자는 원래 너무 배가 고프고 힘도 빠지고 지쳐가는 상태에서 사냥을

하고 있었는데 마침 사자의 바로 앞에 잠자는 토끼가 누워 있었습니다.

사자는 토끼를 잡아먹으려고 하는 순간 옆의 숲 속에서 사슴이 '후다닥'

도망가는 소리를 들었습니다. 사슴은 벌써 저만치나 뛰어가고 있었습니다.

사자는 양이 많은 사슴을 잡아먹으려고 토끼를 팽개친 후 사슴의 뒤를

따라갔습니다. 만약 이 상황에서 사자가 큰 욕심을 갖지 않고 토끼를

먹었더라면 조금이나마 배고픔이 사라지고 힘이 나서 사슴보다 더 큰

사냥감을 잡아먹을 수도 있었기 때문입니다.

물론 누구나 더 크고 맛있고 양이 많은 것을 잡으려고 하겠지만, 지금

이 상황에서의 사자는 아무것도 먹지 못하여 힘이 없고 지친 상태입니다.

아무리 바보 사자라도 자신이 저 사슴을 잡으려면 뛰어야 한다는 것을 알고,

자신의 몸이 지금 많이 힘이 없다는 것쯤은 알고 있을 것입니다.

그럼에도 불구하고 사자가 사슴을 잡으려 한 것은 어리석은 짓이라고

생각합니다. 그래서 저는 사자가 사슴을 잡으려고 한 것은 잘못이라고

생각합니다.

반대 주장의 예

저는 '사자가 사슴을 잡아먹으려고 한 것은 잘못이다'라는 안건에

반대합니다.

이 세상에는 많은 사람들이 있습니다. 그리고 그 모든 사람들에게는 누구나

더 크고 좋은 것을 가지고 싶어 하는 마음이 있습니다. 만약 사람들에게

"당신의 바로 앞에 천 원이 있고 조금 더 떨어진 곳에 만 원이 있습니다.

그렇다면 당신은 무엇을 잡겠습니까?"라고 묻는다면 거의 모든 사람들이

만 원이라고 대답할 것입니다. 이와 같이 사람들에게는 더 크고 좋은 것을 가지고 싶어 하는 본능이 있습니다. 만약 그 사람들에게 많은 시간을 주어 깊게 생각하게 한다면 몰라도 단시간 안에 결정을 내리라고 한다면 더 크고 대단한 것을 선택할 것입니다.

사자도 짧은 시간 안에 결정을 내려야만 했습니다. 그래서 결국 사슴을 쫓아갔습니다. 아마 사자에게 긴 시간이 있었다면 깊게 생각해보고 다른 결정을 내렸을지도 모릅니다. 그리고 모든 일은 아무리 힘들고 위험해도 성공할 가능성이 단 0.1퍼센트라도 있다면 부딪쳐봐야 합니다. 위험하고 힘들어 보인다고 포기한다면 이 세상은 아직도 원시시대와 같을 것입니다. 예를 들어 역사 속에는 남들이 다 미쳤다고, 가능성이 없다고 말할 때, 위험하지만 결국 노력해 비행기를 만들어낸 라이트 형제가 있었습니다. 만약 그때 라이트 형제가 너무 위험하다고 떨면서 시도해보지 않았다면 우리는 아직도 외국까지 가는 데 며칠을 소비해야 할 것입니다. 오늘날 라이트 형제가 존경받는 이유는 어려움과 위험을 무릅쓰고 열심히 노력해 비행기를 만들었기 때문입니다.

 물론 찬성하는 사람들 중에 사자가 너무 욕심을 냈다고 말하는 이들도 있을 것입니다. 하지만 욕심에는 꼭 나쁜 것만 있는 것은 아닙니다. 스스로 조금 더 노력하게 자극을 주는 욕심, 조금 더 편안하게 만들고자 하는 좋은 욕심도 있습니다. 저는 사자가 부린 욕심은 단순히 무엇을 더 가지고 싶어서, 더 좋은 것을 가지고 싶어서 부린 욕심이 아니라 자신을 조금 더 배부르게,

조금 더 편안하게 만들고자 하는 욕심이라고 생각합니다.

저는 이러한 이유들 때문에 사자가 사슴을 잡아먹으려고 한 것은 잘못되지 않았다고 생각합니다.

우화에서 찾은 토론 사례 2 : 훈장과 곶감

옛날 아이들은 서당을 다녔습니다. 서당에는 글을 가르치는 훈장님이 있었습니다. 아이들은 훈장님께 글을 배웠습니다. 그러니까 서당은 오늘날의 학교와 비슷하고 훈장님은 오늘날의 선생님과 같습니다.

어느 마을의 조그마한 서당에서 일어난 일입니다. 한복을 차려 입은 노인 훈장님이 가난한 집에서 온 다섯 명의 아이들에게 글을 가르치는 서당이었습니다. 책상이나 걸상이나 칠판 같은 것은 없고, 아이들은 모두 방바닥에 모여 앉아서 훈장님께 글 읽기를 배우는 곳이었습니다.

그런데 이 아이들은 하나같이 장난이 심하였습니다. 어찌나 말썽을 피우는지, 훈장님은 아이들 다스리는 일이 글 가르치기보다 더 고달팠습니다.

그런데 노인 훈장님께 큰 고민거리가 생겼습니다. 훈장님은 그동안 며느리가 매일 조금씩 주는 엽전을 모아왔습니다. 엽전이란 동전 비슷하게 생긴 돈입니다. 엽전을 오랫동안 모았더니 제법 많아져서 훈장님은 며칠 전에 그것으로 훈장님이 좋아하는 곶감을 한 접 샀습니다. 한 접이면 곶감이 100개입니다.

훈장님은 그 곶감을 서당 벽장 속에 감추어놓고 심심하면 한 개씩 꺼내 먹기로 하였습니다. 그런데 만일 이 곶감을 서당 장난꾸러기들에게 들키는 날에는 큰일이었던 것입니다.

고민을 하던 훈장님은 어느 날 좋은 꾀를 생각해내었습니다. 글공부하러 서당에 모인 아이들에게 곶감 이야기를 먼저 들려주기로 한 것입니다.

"모두 내 말 잘 들어라. 너희들 집에 가면 쥐가 있지?"

"예, 있어요."

아이들은 킬킬거리면서 집에서 본 쥐를 생각했습니다.

"그 쥐가 여기 서당에도 있단다. 천장에도 있고 벽장에도 있고 사방에 쥐가 있단 말이다. 그래서 그 쥐들을 없애려고 내가 한 가지 방법을 생각해냈단다."

"그게 뭔데요?"

"곶감을 사서 거기에 쥐약을 발라놓은 다음, 쥐약 바른 곶감을 벽장 속에 넣어두었거든."

아이들은 어리둥절하여 서로를 쳐다보았습니다. 그리고 다시 훈장님을 쳐다보았습니다.

"그러니 행여나 너희들이 벽장에 올라가서 그 곶감을 꺼내 먹을까 봐 미리 타이르는 것이다. 그 곶감은 쥐를 잡으려고 쥐약을 발라놓은 것이니, 만일 먹으면 너희도 쥐처럼 죽게 될 것이다. 그러니 너희들은 벽장의 곶감에는 아예 손댈 생각조차 하지 마라."

훈장님은 이렇게 말을 계속하면서 마음속으로 생각하였습니다.

'이렇게 하면 틀림이 없으렷다. 아무리 장난이 심하다고 해도 설마하니 쥐약 바른 곶감을 먹는 녀석도 있겠느냐!'

그렇게 작전을 짜서 장난꾸러기들을 타이르고 난 여러 날 후의 일이었습니다. 그날은 훈장님이 좀 늦게 서당에 나오셨습니다.

그런데 이런 일이 있을까요? 훈장님이 사용하시는 벼루가 깨져 있지 않겠습니까? 게다가 더욱 놀라운 것은 방바닥 여기저기에 곶감을 빼먹고 남은 곶감 꼬챙이가 널려 있던 것입니다. 그리고 그토록 심한 말썽을 피우던 아이들이 모두 고개를 푹 숙인 채 풀이 죽어 있었습니다.

"어찌 된 일이냐? 어서 말을 해봐라."

그러자 제일 장난이 심한 녀석이 고개를 들고 입을 열었습니다. 먼저 훈장님께 몹시 죄송하다고 말하면서, 일이 어떻게 되었는가를 자세히 설명하였습니다. 그러고는 죽을죄를 지었으니 용서해달라고 방바닥에 엎드려 울면서 말을 마쳤습니다.

노발대발하시던 훈장님은 더 이상 할 말이 없었습니다. 훈장님은 죽을죄를 지었으니 어떤 벌이라도 달게 받겠다는 아이들을 용서할 수밖에 별다른 도리가 없었습니다.

"알았다. 어서들 책을 펴고 글공부를 시작하자."

이렇게 말한 다음 훈장님은 자기 꾀를 앞지르는 아이들의 꾀에 미소를 짓고 말았습니다.

'토끼도 못 잡은 사자'나 '훈장과 곶감' 같은 이런 이야기들은 모두 김병원 박사님께서 토론 안건으로 쓸 수 있게 다듬어온 것입니다. 우리 모두가 알고 있는 내용들이지만 이런 글을 읽을거리로 하여 토론해보면 아주 재미있는 생각들이 쏟아져 나옵니다. 먼저 이야기 글의 6하 원칙으로 이야기를 요약해보고 안건을 찾는다면 어떤 안건이 될까요?

우리 반에서는 '훈장님의 거짓말이 더 나쁘다'라는 안건으로 토론해보았습니다.

만약 이야기 속에서 다양한 토론 안건을 찾고 싶다면《이솝우화도 읽고 논리도 배우고》라는 책이나《생각에도 길이 있다》와 같은 책을 보면 도움이 될 것 같습니다. 그리고《소년 한국일보》사이트에 가면 김병원 박사님의〈논술 풀어가기〉라는 꼭지가 있는데 참고하면 많은 도움이 될 것입니다.

토플 시험에서 에세이 쓰기 준비할 때 연습해보는 에세이 주제들이 또 토론하기에 좋은 것이 많아 그것도 자주 이용하였습니다. 그대로 가져다 쓰기보다 적당한 토론 안건으로 다듬으면 재미있는 안건이 됩니다.

비교적 최근에 나온 책 중에는《유쾌한 딜레마 여행》이란 책이 재미있고 유익했습니다.

다음은《경향신문》에 난 기사입니다. 제가 학교에 있었다면 이 주제로 토론 수업을 해보았을 것 같아서 소개합니다. 이런 주제라면 일주일 쯤 시간을 두고 차근차근 준비해오도록 하는 게 좋습니다.

〈여론그패픽〉 국가 돈으로 청소 예산을 지원해야 하나요?

□ 청소 예산 지원이 필요하다 57.5%(1,151명)

□ 청소 예산 지원이 필요하지 않다 42.5%(851명)

요즘 초등학생들이 청소를 싫어하고 있어 일선 학교를 위해 청소 예산을 신설해야 하느냐는 문제를 놓고 교육부와 국회예결위 조정소위 사이에 논란이 벌어지고 있습니다. 교육부는 안전사고 방지와 사회적 일자리 창출을 위해 청소 예산이 필요하다는 입장이고, 국회예결위는 '청소도 교육'이라며 반대 입장입니다.

자료제공 : 폴에버(www.polever.com) 응답자 수 : 총 2,002명

2006. 12. 14. 경향신문

흔히들 신문기사에 실린 내용으로 토론 수업을 한다고 하면 시도도 해보기 전에 지레 겁을 먹고 어렵다고 생각하는 경우가 많은데, 제 경험에 따르면 절대로 그렇지 않습니다. 오히려 아이들의 관심을 끌 수 있는 훌륭한 안건을 많이 찾을 수 있습니다.

일단 신문기사를 활용하여 토론 수업을 진행할 때는 개념 정의에서부터 가능하면 많은 자료들을 준비하게 해서 토론으로 전개하는 것이

좋습니다.

저는 어쩌다 신문을 여러 가지 구독하게 되어서 날마다 네 종류가 집으로 배달되어 옵니다. 신문마다 성격이 다른지라 같은 주제로 다른 주장을 펴는 글을 만날 때마다 견주어가며 재미있게 읽고 있는데 그중 한 편만 소개할까 합니다.

신문기사에서 찾은 토론 사례 : 같은 주제, 다른 주장

〈제도보다는 사람 탓이다〉

현행 헌법의 5년 단임제가 한국 정치를 실패의 구렁텅이로 몰아넣은 주범인 양 매도되고 있다. 노무현 대통령이 공격의 선봉에 섰다. 그는 "단임제가 책임정치를 훼손하고 임기 말에는 국정 운영까지 어렵게 만든다."고 하면서 "국정의 책임성과 안정성을 높이기 위해 4년 연임제로 개헌하자."고 제안했다. 과연 그럴까. 불행하게도 민주화 이후의 역대 대통령에 대한 평가가 그다지 좋지 못한 것은 사실이다. 하지만 이 '실패'가 정말로 5년 단임제 때문이었는지에 대해서는 의문의 여지가 있다. 4년 연임제였다면 한국 경제가 외환위기를 맞지 않았을 수 있었고, 대통령 아들을 포함한 측근 비리로부터도 자유로울 수 있었다는 증거가 불충분하기 때문이다.

물론 5년 단임제이면서 대선과 총선의 시기가 일치하지 않는 현행 헌법 하에서 행정부와 의회를 지배하는 정당이 서로 다른 분점(分點)정부가 자주 나타났고, 그 때문에 원활한 국정 운영이 어려웠다는 점은 어느 정도 인정할 수 있다. 하지만 이와 관련하여 적어도 다음 두 가지는 지적되어야 한다. 첫째, 분점 상황은 5년 단임제 때문이 아니라 대통령제 자체에서 발생하는 문제라는 점이다. 국민이 대선과 총선이라는 별개의 절차를 통해 행정부와 의회에 서로 다른 정당성을 부여할 수 있는 대통령제 하에서는 분점 상황을 막을 수 있는 완벽한 제도적 장치는 없다. 대선과 총선의 주기를 4년으로 일치시키면 분점 상황이 초래될 가능성을 약간 낮출 수 있다는 것이지 그것을 원천적으로 막을 수 있는 것은 아니다. 결국 분점 상황은 대통령제에 원죄(原罪)처럼 따라다니는 것이며, 이러한 제도적 허점은 운영의 묘, 즉 대통령을 비롯한 정치적 행위자들의 역량으로 보완할 수밖에 없다.

둘째, 앞선 세 정부와는 달리 노무현 정부, 특히 2004년 17대 총선 이후의 노무현 정부는 5년 단임제 하의 분점 상황을 자신의 무능력을 감추는 핑계거리로 쓸 수 없다는 점이다. 노무현 정부의 초기 1년은 여소야대의 분점 상황이었고, 노 대통령이 "못해 먹겠다."는 말을 하는 것을 이해해줄 만한 구석도 없지 않았다. 하지만 17대 총선에서 탄핵 역풍에 힘입어 열린우리당은 의석의 절반을 조금 넘기는 거대 정당으로 도약했다. 비록 지금은 선거법 위반에 따른 잇따른 의석 상실 때문에 절반에 조금 못 미치고 있지만 열린우리당은 여전히 원내 제1당의 위치를 고수하고 있다.

따라서 적어도 2004년 이후만 놓고 본다면 노무현 정부는 앞선 세 민주정부보다도 월등히 유리한 원내 구도 위에 있다고 할 수 있다. 그러나 이 기간 동안 노 정부가 보여준 성과는 정말 보잘것없다. 성장, 분배, 외교, 북한 문제 등 어느 것 하나 제대로 한 것이 없다. 이러한 실패를 분점 상황 탓으로 돌릴 수 없자 노 대통령이 마지막으로 들고 나온 것이 5년 단임제 탓이 아닌가 싶다. 하지만 이것도 적실성 있는 핑계거리는 아닌 것 같다. 같은 5년 단임을 해도 언행과 성과 면에서 '준비된 대통령'과 '준비되지 않은 대통령' 사이에는 너무나 큰 차이가 있기 때문이다.

결국 5년 단임제와 분점 상황에서 오는 부작용을 극복할 수 있는 궁극적 해결책은 제도보다는 사람에 있다. 그렇다고 해서 제도가 지닌 중요성을 부인하는 것은 절대 아니다. 국가 발전에서 헌법을 위시한 제도 개선이 지니는 중요성은 매우 크다. 그러나 '제도(개선) 만능주의'는 위험하며, 역시 그 속에서 활동하는 행위자, 특히 지도자의 중요성이 다시 한 번 강조될 필요가 있다. 더구나 지금처럼 노 대통령과 진보 진영이 자신들의 실패를 덮을 구실을 제도에서 발견하려는 태도에 대해서는 동의하기 어렵다. 현 정부의 실패는 명백히 사람의 실패이며, 지난 4년을 돌아보면서 4년 연임이 아니라 5년 단임인 제도(헌법)에 감사하는 사람이 다수임을 알아야 한다.

- 김일영 성균관대 정치외교학과 교수(2007. 1. 13. 조선일보)

〈대통령은 제도인가, 사람인가〉

허구한 날 대통령을 화제로 삼는 이 세태에 가담하기는 싫다. 세상을 살면서 생각하고 챙길 일들이 얼마나 많은가. 하지만 세밑 새해 사람들이 모이는 자리에 갈 때마다 "다음 대통령은 정말 잘 뽑아야 한다."는 말을 귀가 따갑게 듣고, 또 며칠 전 노무현 대통령이 개헌을 제안하는 모습을 보면서 다시 한 번 대통령 얘기를 써야겠다고 생각했다.

현직 대통령에 대해 실망하면서 다음 대통령에게 무한한 기대와 신뢰를 품고 있는 오늘의 세태는 5년 전, 10년 전과 별로 다르지 않다. 굳이 다른 점이 있다면, 현직 대통령에 대한 조롱과 무시가 매우 노골적이 되었고, 이젠 아예 군사정권 시절의 박정희 대통령을 가장 바람직한 미래 대통령상으로 내세운다는 사실이다. 자기 손으로 뽑은 대통령은 조롱하면서, 국민의 선택권 자체를 빼앗았던 대통령을 그리워하는 이 모순 속에 바로 민주화 이후 대통령의 적나라한 모습이 있다.

많은 사람들은 대통령을 둘러싼 논란을 제도와 여건의 문제로 보기보다는 개인의 문제로 보고 싶어 한다. 그래서 민주주의를 유린했지만 경제 성장을 이룩한 박 대통령의 리더십을 높이 평가하며 그를 닮은 차기 대통령이 나오기를 기대하고 있다. 하지만 그런 대통령이 등장할 가능성은 희박하다. 박 대통령의 가부장적 리더십은 기본적으로 장기 집권과 독재라는 그의 통치 환경의 산물이기 때문이다. 흔히 박 대통령의 리더십이 그의 타고난 자질이라고 믿고 있으나, 사실 집권 초기부터 그가 대단한 리더십을 발휘한 것은 아니다. 예를 들어, 1962년 시작된 제1차 경제개발 5개년 계획은 앞선 정부가 그의 쿠데타 이전에 준비해오던 내용을 차용한 것이고, 그의 권력 기반 역시 초기 수년간 우여곡절과 정변을 겪은 다음에야 공고화

되었다.

다시 말해, 그가 18년간 독재자로 장기 집권하면서 동원하고 누린 행정·입법·사법 전권의 장악, 정보 공작 정치를 통한 정치적 '안정', 국정 경험의 축적, '자유로운'(실은 임의적이고 지역 차별적인) 인사권 행사, 관료집단의 일사불란한 충성과 복종, 정경유착, 집회와 결사 자유의 통제와 노동권 억압, 그리고 언론 탄압을 통한 여론 조작 등이 바로 그가 칭송받는 '지도력'의 근원이자 실체인 것이다.

그 어느 것 하나 5년 임기의 직선제 대통령에게는 허용되지 않을 뿐만 아니라, 대부분은 민주화 과정에서 극복 대상이 되었던 부끄러운 역사다. 박 대통령 역시 5년 단임이었다면 그가 남긴 성과 역시 대단치 않았을 것이다. 민주화 이후의 대통령들이 박 대통령보다, 아니 대통령으로서, 혹 미숙하거나 취약해 보인다면, 그것은 그럴 수밖에 없는 권한과 여건의 대통령 제도를 선택한 민주화의 결과이지, 대통령 자연인의 역량이나 리더십의 문제로 환원하고 일방적으로 비난할 일이 아닌 것이다. 나아가 일반 시민들이 4년 전 '좀 더 잘 판단하여 선택'하지 못한 죄책감에 빠질 문제는 더더구나 아니다. 헌법을 굳이 들먹이지 않더라도 이 나라의 모든 권력은 국민에게서 나오며, 그 다수의 판단과 선택은 최종적이며 자기완성적인 것이다.

이제 우리 사회가 '영웅적 능력'을 가진 사람을 대통령으로 뽑아야 한다는 강박관념과 집착에서 해방되었으면 좋겠다. 나라의 운명이 대통령 한 사람의 개인적 리더십으로 좌우되던 시대는 지나갔다. 지금 필요한 것은 '뛰어난 인물'을 고르는 작업이 아니라, 누가 대통령이 되든지 그 사람이 자신에게 부여된 국정 운영의 권한과 책임을 다할 수 있도록 사회의 역량을 키우는 일이다. 대통령 4년 연임제에 대한 진지한 논의를 기대한다.

-코레이 대표 이윤재(2007. 1. 12. 한겨레신문)

생각하는 것도 한쪽 방향으로 하다 보면 습관처럼 굳어지는 것 같습니다. 세상 모든 일이 그러하듯 관성이 생기는 것이겠지요. 사람은 생각하는 대로 바로 그런 사람이 된다고도 하니, 생각이 바로 그 사람이라고 할 수도 있을 것 같습니다. 어떤 사람이 잘못된 삶을 살거나 아주 빛나는 삶을 살게 되는 원인은, 그 사람이 타고난 자질이나 능력에서 기인하는 부분도 있겠지만 그가 갖고 있던 마음 상태나 생각에 달려 있는 것이 아닌가 싶습니다.

그러므로 우리가 아이들에게 줄 수 있고 또 주어야 하는 것은, 높은 성적과 논술하는 기술보다 오히려 세상과 사람을 이해하고 바라보는 태도를 개선하는 것이 아닐까 생각해봅니다. 결국 그것을 통해서 자신을 바꾸고 세상도 변화시키게 될 것이므로.

후기

마음을 담은 이야기

1

 언젠가 텔레비전 모 프로그램에서 대구 지하철 참사의 생존자들을 찾아 그들의 생활을 취재해서 보여준 적이 있습니다. 다들 정상적인 생활이 어려울 정도로 정신적인 고통을 겪고 있는 안타까운 사연들이었는데, 한 젊은이만이 건강하게 잘 적응하고 있었습니다.

 '어떻게 그것이 가능했을까?', '그는 다른 사람보다 특별히 강한 사람이었을까?' 이런저런 생각을 하고 있는데 그 청년이 웃으며 말했습니다.

 "그날 상황을 딱 보니 그곳에서 살아나간다는 것은 도저히 불가능하다는 생각이 들었어요. 다음 순간 제 머리에 가장 먼저 떠오른 게, 이곳에 사람들과 함께 있으면 나중에 우리 엄마가 나를 찾지 못해 헤맬지도 모른다는 생각이 드는 거예요. 그래서 가능하면 우리 엄마가 내 시신을 찾기 쉽도록 다른 사람들과 멀리 떨어져 있어야겠다, 이렇게 생각했죠. 그래서 일단 창문을 깨고 열차 밖으로 나온 다음 무조건 사람들과 반대 방향으로 달렸어요…."

2

학교를 그만두고 가족과 서울로 이사를 와서는 동네 도서관에 다녔습니다. 다시 학교로 돌아가는 게 어렵다는 현실을 힘겹게 받아들이던 저는 결근하는 선생님 대신 학교에 나가 아이들을 가르치는 '하루 선생'도 하였습니다. 부르는 학교가 없을 때는 도서관에 가서 그동안 보고 싶었던 책을 찾아 실컷 읽기도 했습니다.

이후 그렇게 도서관에서 놀다가 자주 만나는 친구들과 '도서관친구들'이라는 모임을 만들어 활동하게 되었고, 그곳에서 만난 친구들과 책을 읽고 토론하다 서울대 이태진 학장님을 모시고 저자 초청 특강을 듣는 행사를 기획하게 되었습니다. 읽는 내내 가슴을 뛰게 만들었던 《서울대 이태진 교수의 동경대생들에게 들려준 한국사》. 교수님께서는 전문가들도 아닌 일반인들이 큰 관심을 보여준 데 깊은 인상을 받았다며 귀한 시간을 기꺼이 내주셨습니다. 교수님과 함께한 시간은 책을 읽을 때와는 또 다른 감동을 선물해주었고, 행사를 기획하고 준비하며 힘들었던 기억들을 말끔히 씻어주었습니다.

특히 교수님 특유의 느리고 낮은 목소리로 동경대 학생들과 교수들을 대상으로 6회 강의를 진행했을 때의 경험을 들려주실 때는 전율을 느낄 정도였습니다. 처음에는 자신들이 알고 있던 내용과 전혀 다른 관점에서 역사적 사실이 제시되는 것에 당황하던 동경대 학생들과 교수들도 이태진 교수님께서 객관적인 자료를 보이며 조목조목 짚어가자 오히려 자세를 바로하며 미안해하더라는 것입니다.

"명성황후 시해 사건 부분에 가서는 차마 준비해간 내용을 그대로 강의할 수가 없더라고요. 그래서 대충 얼버무리고 넘어갔어요. 그분들이 큰 충격을 받을 것 같아서 도저히 다 밝힐 수가 없었지요. 그런데 강의가 끝나고 나니까 저녁에 동경대 교수님들이 숙소로 찾아와서, 정말 부끄럽다며 사죄하고 싶다고 말하더군요."

3

토론을 준비하고 공부하며 참 많은 것을 알 수 있었다. '생명공학'이라고 하면 토론을 하기 전에는 '그게 뭐지? 우리에게 도움이 되는 거잖아.'라고만 생각했다. 하지만 이제는 '우리에게 도움이 되기도 하지만 피해가 될 수도 있는 것'이라는 생각을 가지게 되었다.

반대 팀 주장인 '생명공학은 식량 문제를 해결할 수 없다'는 것을 설명하기 위해 《파우스트의 선택》이란 책도 읽고 그 책의 저자와 메일을 주고받으며 자료를 받기도 하였다. 그러면서 난 점차 생명공학에 반대하게 되었고, 생명공학이 그저 식량 문제를 해결하고 의학을 발달하게 한다는 생각을 가진 많은 사람들에게 생명공학의 위험성을 알려주고 싶었다.

우리가 날마다 먹고 있는 콩들도 유전자 조작 식품일 가능성이 80퍼센트에 달한다고 한다. 하지만 많은 사람들은 이것을 모르고 있었다. 토론할 때 이 이야기를 하니 모두 놀라워하였다.

이렇듯 잘 모르고 관심도 없었던 생명공학을, 토론을 하며 자세히 알게 되었다. 즉 생명공학은 유전자를 조작하여 날로 늘어가는 기아 문제를 해결할 수 있다고 주장하지만, 우리의 건강에 좋지 않을 수도 있고 또 식량 문제는 우리가 육류 소비를 줄여서도 해결할 수 있다는 사실을 새롭게 알게 되었다.

아무것도 모르는 사람들이 아무것도 모르는 상태에서 생명공학에 대항하지 않고 그냥 받아들인다는 사실이 너무나도 안타깝다.

이 토론을 통해 더 많은 사람들이 생명공학에 대해 올바르게 이해하고 판단하게 되었으면 하는 바람이다.

이 글은 초등학교 6학년 아이가 세계의 식량 부족 문제를 해결하는 방법에 대해 이야기하던 중 식량을 고루 나누고 육류 소비를 줄이는 것만으로도 해결할 수 있다는 사실을 스스로 찾아내고 또 다른 사람들에게도 알려주고 싶어 하며 쓴 글입니다.

이 글이 진정성을 얻으려면 교사들이 학교에서 무엇을 어떻게 가르쳐야 할까요? 선생님들께서는 아마 답을 아실 것입니다.

4

이제 마무리 글을 쓰려고 하니 새삼 김병원 교수님을 모시고 우리 반에서 첫 토론 수업을 하던 날이 생각납니다. '대학 교수님께서 초등학교 아이들을 어떻게 가르치실까?', '아이들이 잘 알아들을 수 있을까?', '엉뚱한 반응이 나오는 건 아닐까?' 등등 여러 가지 생각들이 오고가는 가운데 수업이 시작되었고, 저도 아이들도 잔뜩 굳어 있던 기억이 납니다. 당시 교수님은 한 아이를 가리키며 다음과 같이 말씀하셨습니다.

"이번엔 자네가 한번 말해보게."

'자네'라는 한마디에 아이들 얼굴에 잔잔한 웃음이 피어났습니다. 처음 들은 말이 어색했던지 짝을 보며 얼굴을 붉히는 아이들도 있었습니다. 이후 아이들의 표정은 더 씩씩해졌고 교실 분위기는 한층 부드러워졌습니다.

두 달 동안 계속된 수업 참관과 기록을 정리하며 참으로 많은 것을 배웠습니다. 그중에서도 저는 우리 반 아이들을 '자네'라고 부르시며 환하게 웃으시던 교수님의 모습과 함께 '자네'처럼 의젓해지던 우리 반 아이들의 쑥스러운 몸짓을 잊을 수가 없습니다.

'이제 아이들과 토론하며 신나게 공부해봐야지' 하고 생각하던 그 즈음에 저는 학교를 떠났습니다. 이후 어쩌다 학교를 나가는 '하루 선생'도 마다하지 않았지만 어쩐지 아이들과 점점 멀어지는 느낌이었습니다. 그때 경주 포항 지역 선생님들이 모여서 토론 공부를 하려고 하는데

도와줄 수 있느냐는 연락이 왔습니다.

 1년 동안 거의 한 달에 한 번씩 포항에 내려갔고, 가지 못하면 선생님들이 서울로 왔습니다. 선생님들은 각자의 학교에서 맡은 아이들과 토론 수업을 진행하였습니다. 그때 저학년을 맡은 선생님은 저학년 아이들을 데리고, 고학년은 고학년대로 학년 수준에 맞게 계획을 세우고 1년을 꾸려서, 결국 현장 선생님들의 눈썰미와 기발한 지도 기술을 담은 《토론, 시작부터 마무리까지》라는 아담한 자료집을 내놓게 되었습니다.

 그러나 솔직히 말하자면 저는 그때까지 토론이 무엇인지 제대로 몰랐고, 모른다는 사실조차 모르고 있었습니다. 이 또한 모골이 송연해지는 부끄러움입니다. 그러나 그때 모인 이 '그루터기 토론학습연구회'는 아직도 꾸준히 공부하고 실천하는 현장 선생님들의 모임으로 튼튼하게 커가고 있습니다.

 그 뒤로도 많은 분들이 제게 부족함과 무지를 일깨우는 기회를 주셨습니다. 학부모 교실에서 이야기하는 것에서부터 6학년 아이들에게 토론 수업을 직접 지도할 수 있게 해주신 샛별초등학교 주중식 교장선생님, 독서·토론이라면 저보다 더 잘 알고 제대로 실천하면서도 늘 겸손하신 이현숙, 고향옥, 김창준 선생님, 광진구의 초등학교 5, 6학년을 모아 토론 교실을 열어 공공도서관에서 처음으로 토론 지도를 할 수 있게 해준 '한 도서관 한 책 읽기' 행사와 광진정보도서관, 어머니들의 도서관 도우미 모임인 과천명예사서교사연합회의 놀라운 활동으로 가능했던 관문초등학교 토론 수업 공개 연수, 초안을 만들고 나서 "토론에 대한 이해가 전혀 없는 상태에서 토론 수업을 하려고 할 때 이 원고를 보면 어떤 의문이 생길까요?"라며 원고를 보냈더니 조목조목 궁금한 것과 필요한 것을 기록하여 보내준 신묵초등학교 서희진 선생님, 다시 수정한 원고를 읽고 설명할 수 있는 기회를 만들어준 상봉초등학교 교육방법혁신팀과의 연수, 이 모든 일들이 징검다리가 되어 여기까지 왔고 이 책이 씌어졌습니다.

> 생각해보니 지난 1년 동안 참 많은 일들이 있었다. 그중에서 가장 기억에 남고 내게 도움이 되었던 것이 '토론'이다.
> 토론을 하면서 많이 배웠고 어떤 것이 주어지든 그것에 대해서 깊이 생각할 수 있게 되었고 사물을 관찰하는 힘이 생겼다. 토론이 내 사고력에 많은 도움을 준다는 것을 자주 느낀다.
> 국어 공책을 보면 새삼 토론했던 것이 생각난다. 6단 논법을 배우고 토론하는 것을 배울 수 있어서 정말 즐거웠다.

어깨 너머로 배워온 보잘것없는 지식과 참으로 어설픈 지도였음에도 즐겁게 동참해준 우리 반 아이들, 어떤 곳에서 어떤 아이들을 만나도 재미있게 수업할 수 있어야 한다는 말씀으로 저를 한없이 부끄럽게 만들어버리시던 김병원 교수님(덕분에 지금도 오지랖 넓게 여기저기 수업하러

다닙니다), 하루 종일 토론 수업만 해도 교실에서는 선생님의 자율을 보장해야 한다고 믿고 지원해준 포스코 교육재단과 선생님들, '후배를 사랑한다면 이 사람처럼!' 이라고 할 만한 조유현 선배님, 늘 부족한 저와 함께했고 앞으로도 함께할 광진 도서관친구들, 세상에서는 교육이 가장 중하고 귀한 일이라고 굳건히 믿어주는 우리 가족, 특히 많은 것을 참고 견뎌준 남편과 아이…. 사람은 일을 치러보면 새삼 '고맙고 좋은 사람들이 많이 있어서 내가 이렇게 살아가는구나!' 깨닫게 되는 것 같습니다.

저는 정말 고마우면 늘 "오래 잊지 않겠습니다."라고 말합니다. 그래서 제 마음속은 이제 오래 잊지 못할, 잊을 수 없는 기억들로 가득합니다. 하여 우리 아이들과 저만 아는 인사를, 이제 모두에게 드립니다.

"고맙습니다."

부록

학급에서 토론하기 좋은 안건들

생활 속에서 찾은 토론 안건

1_ 불법으로 세차하는 아빠를 도운 일은 효행이라 할 수 있는가?

2_ 약속은 꼭 지켜야 하는가?

3_ 학교에서 '사랑의 매'는 허용해야 한다.

4_ 가정 학교(홈 스쿨링)는 부정적으로 보아야 한다.

5_ 젊은 여성의 흡연은 옳지 않다.

6_ 복제 기술 연구 개발을 막아서는 안 된다.

7_ 고아의 해외 입양을 찬성한다.

8_ 텔레비전은 없애야 하는가?

9_ 한국은 영어를 공용어로 해야 한다.

10_ 학교에서 초등학생의 핸드폰 사용을 허용해야 하는가?

11_ 잘못된 법과 규칙도 지켜야 하는가?

12_ 국가 돈으로 청소 예산을 지원해야 하는가?

13_ 'OO데이'는 필요한 문화인가?

14_ 만화책을 읽는 것은 독서 습관 형성에 도움이 된다.

15_ 영어를 잘하기 위해 조기 유학을 가는 것은 바람직하다.

16_ 남녀 혼합 반은 남녀평등 실현에 도움이 된다.

17_ 점심시간 1시간은 너무 짧다.

18_ 초등학생의 연예계 진출은 장려되어야 한다.

19_ 초등학교에서 대중가요를 불러서는 안 된다.

20_ 일기는 매일 써야 하는가?

21_ 1인 1역할은 선생님이 정해주는 것이 효과적이다.

22_ 짝을 정할 때 자신이 앉고 싶은 사람과 앉는 것이 좋다.

23_ 부모님께 효도하는 가장 좋은 방법은 공부를 열심히 하는 것이다.

24_ 개성을 나타낼 수 있도록 학생의 복장은 간섭받지 말아야 한다.

25_ 독서 인증제는 독서 습관 형성에 도움을 준다.

26_ 국회의원 여성 할당제는 여성에게 특권이다.

27_ 자유란 내가 하고 싶은 대로 하는 것을 말한다.

28_ 연예인의 행동을 따라하는 것은 잘못이다.

29_ 라디오를 들으며 공부하는 자세는 좋지 않다.

30_ 안락사는 허용되어야 한다.

이와 같이 안건이 될 만한 주제들을 인쇄해서 나누어주고 아이들에게 토론해보고 싶은 주제가 있는지 묻습니다. 만약 있다면 무엇부터 하고 싶은지 순서를 정하도록 한 뒤 차례대로 진행하면 됩니다. 이 외에도 자신이 생각하고 있는 주제가 있는지, 있다면 써보라고 하는 것도 좋겠지요.

어떤 공부든 아이들이 하고 싶은 마음이 생기게 하는 것이 우선이라고 생각합니다. 논리적인 생각을 해야 한다며 아이들을 그쪽으로만 몰아가는 요즘 세태를 보면 한편으로는 걱정이 되기도 합니다.

교과서에서 찾은 토론 안건

1_ 형이 황금을 버린 것은 잘한 일이다.
2_ 숙제를 도움 받아서 해도 좋은가?
3_ 부모님께는 존댓말을 쓰는 것이 좋다.
4_ 심청은 효녀인가?
5_ 즉석 식품을 먹는 것은 나쁜 일인가?
6_ 생일잔치를 패스트푸드점에서 하는 것은 나쁜 일인가?
7_ 아파트에서 병아리를 길러도 되는가?
8_ 〈토끼전〉에서 자라는 죄가 있는가?
9_ 약속은 꼭 지켜야 하는가?
10_ 인공태양을 만들어 겨울에도 춥지 않게 보내는 것이 좋은 일인가?

11_ 등교 후 준비물을 사러 가도 좋은가?

12_ 댐을 건설해야 하는가?

13_ 컴퓨터를 이용한 여가 생활은 나쁜 것인가?

14_ 우리 고장의 시민공원 내에 동물원 조성을 해야 할까?

15_ 학교에서 바퀴 운동화를 신고 다녀도 되는가?

16_ 생일날은 내 마음대로 해도 좋은가?

17_ 자연은 자연 그대로 두어야 하는가?

18_ 학생이 찢어진 청바지를 입어도 좋은가?

19_ 과학의 발달이 우리를 행복하게 할 수 있을까?

20_ 정묘호란 후 인조는 청과 싸워야 했는가?

21_ 어린이의 편식은 꼭 고쳐야 하는가?

22_ 갈팽이를 죽여서 아버지를 살려야 하는가?

23_ 어른들도 학교의 시설물을 사용할 수 있게 허용해야 하는가?

24_ 악법도 법인가?

25_ 남한만의 총선거는 최선의 선택이었는가?

26_ 효종의 북벌 정책은 옳은 선택이었는가?

27_ 흥선 대원군의 쇄국 정책은 옳았는가?

28_ 이성계의 위화도 회군은 올바른 선택이었는가?

29_ 가수 유승준의 병역 기피로 인한 입국 거부는 정당한가?

30_ 나라를 지키기 위한 전쟁은 정당하다.

이 토론 주제들은 포항 그루터기 토론학습연구회의 2003년 자료집과 서울초등토론교육연구회의 《생각 나누기》, 그리고 2000년과 2001년 우리 반에서 했던 것 중에서 찬반 토론이 가능한 주제를 골라본 것입니다. 굳이 학년별·영역별로 나누지 않은 것은, 어떤 주제라도 아이들이 선택해서 토론해보면 그 아이들 수준에서 이유를 찾고 논증하는 일이 이루어질 수 있어서, 학년이나 나이에 따라 토론할 주제가 따로 정해져 있는 것은 아니라는 판단에서였습니다.

주제를 보며 언제나 드는 생각은, 주제들에 대해 정답을 찾으려고 하거나 선생님들께서 생각하시는 가치를 더하여 강조하지 말았으면 하는 것입니다. 설령 선생님께서는 '나라는 지키기 위해 하는 전쟁은 정당하다'고 생각하실지라도 '그렇지 않다고 주장한 팀이 이기면 어떻게 하지?' 하고 걱정하실 일이 아니라는 것이지요. 전쟁이 정당하지 않다고 주장을 폈던 아이일지라도 살아가면서 '나라를 지키기 위해서는 전쟁이 필요한 것이 아닐까?' 하고 생각하게 될 수도 있습니다. 중요한 것은 스스로 생각해본 적이 없거나 토론해보지 않았던 것과는 다를 것이라는 사실과 믿음이겠지요.

책 읽고 토론하기

'책 읽고 토론하기'는 참 조심스런 주제입니다. 우리 반에서는 가능하면 '책 읽고 토론하기'는 하지 않으려고 하였거든요. 왜냐하면 우리 아이들에게 책읽기는 그 자체가 즐거움이고 목적이었으면 좋겠다고 생각했기 때문입니다. 독후감을 쓰기 위해서나 토론과 논술을 하기 위해서 책을 읽어야 한다면 그때의 책읽기는 그저 또 하나의 어려운 과제가 되지 않을까 걱정되었기 때문입니다.

책을 읽고 내용을 충분히 이해하고 감동을 느꼈어도, 그것을 말로 표현하거나 누군가와 의견을 나누는 것은 결코 쉬운 일이 아닙니다. 왜냐하면 독서는 자신과의 대화에 더 가깝기 때문입니다. 책을 한 권 한 권 읽는다는 것은 겨울밤 소리 없이 쌓이는 눈처럼 가볍고 포근하기만 해도 좋을 것입니다. 또 책을 읽고 나서 그냥 아무 말 하지 않아도 상관없지 않을까요?

우리 반 아이들이 하고 싶다고 해서 책 읽고 토론해본 주제는 《아낌없이 주는 나무》를 읽고 '아낌없이 주는 나무의 사랑이 진정한 사랑이다'와, 토론과는 전혀 어울리지 않을 것 같은 권정생 선생님의 《하느님의 눈물》을 읽고 '돌이 토끼는 풀무꽃풀을 먹어야 하는가?'였습니다.

수업 지도안의 예 (3학년 1학기 국어)

단계	학습 요항	교수-학습 활동	시간	자료 및 유의점
	본시 목표	(1) 정신적 가치의 소중함을 안다.		
		(2) 일상생활에서 절제를 실천하려는 태도를 가진다.		
도입	동기 유발	• 학습 분위기 조성 　- '나는 착한 사람입니다' 낭독하기	5분	학급 반가나 좋아하는 시 낭송
	학습 문제 제시	• 교재를 보고 이야기 나누기 교 사 : 지금 여러분이 읽은 교재는 무엇에 대한 이야기입니까? 학 생 : 사이 좋은 두 형제의 이야기입니다. 교 사 : 여러분, 혹시 이 이야기를 들어본 적이 있나요? 학 생 : 예. 교 사 : 이 이야기를 읽고 느낀 점이 있으면 누가 이야기해볼까요? 학 생 : 1… 2… 3… 교 사 : 만약 여러분이 이 형제와 같은 상황에 놓이게 된다면 여러분은 어떻게 할까요? 학 생 : 1… 2… 3… 교 사 : 예. 아주 좋은 답변이었어요. 여러분들이 살아갈 시대엔 물질이 풍부하고 또 그 가치가 중요하게 평가될 때여서 그런지 생각들이 많은가 봅니다. 그럼 우리 이 문제를 한 번 토론해보면 어떨까요? 학 생 : 좋아요. 교 사 : 안건을 정해볼까요? 　- 아이들의 의견을 들어가며 토론 안건을 정해본다.		
	안건 제시	형제가 황금을 버린 것은 잘한 일이다. 교 사 : 이번 시간에는 사이 좋은 형제가 황금을 버린 것에 대해 토론해보기로 하고 집에서 준비를 하기로 했는데 어떤 방법으로 준비했나요? 학 생 : 1… 2… 3… 교 사 : 아주 준비가 잘 된 것 같아 기대가 됩니다. 그런데 이런 토론을 할 때 가장 유의해야 할 점은 무엇일까요? 학생1 : 다른 사람의 의견을 귀담아 듣기입니다. 학생2 : 주장에 대해 타당한 근거나 이유를 찾는 것입니다. 교 사 : 예. 아주 발표를 잘해주었어요. 그럼, 지금부터 토론 순서를 안내하겠습니다. 먼저 토론에 참여하기로 한 사람들은 앞으로 나와주세요. (토론자와 질문자, 사회자를 차례로 소		안건을 미리 정해 예고하는 것도 가능

단계	학습 요항	교수-학습 활동	시간	자료 및 유의점
전개		개) 힘찬 박수로 격려해줍시다. 그리고 지금부터 토론은 김용희의 사회로 진행하겠습니다. 사회자를 박수로 환영해줍시다. (박수) 교 사 : 저는 본 심사관입니다. 그리고 여러분은 부심사관들이며 질문자들입니다. 자, 공정하고 멋진 심판을 위해 우리 박수 한번 칠까요? (박수)		
	토론 시작하기	사회자 : 지금부터 6학년 4반 토론을 시작하겠습니다. 오늘의 토론 안건은 '형제가 황금을 버린 것은 잘한 일이다' 입니다. 찬성, 반대 양 팀은 먼저 주장할 내용을 준비해주십시오. 그동안 본심사관께서 토론 절차와 심사 관점에 대해 말씀해주시겠습니다. 교 사 : (심사관으로서) 반갑습니다. 저는 오늘 여러분의 토론에서 다음 네 가지를 기준으로 심사하겠습니다. 첫째, 주장에 대한 이유와 설명이 적절한가, 둘째, 반론이 잘 되었는가, 셋째, 말하고 듣는 자세가 바른가, 넷째, 팀 협동이 잘 되는가입니다. 다음은 절차를 설명하겠습니다. 먼저 찬성 팀이 발표하고 반대 팀의 질문, 다음으로 반대 팀의 주장과 찬성 팀 질문, 끝으로 반대 팀 주장과 찬성 팀 주장으로 진행하겠습니다. 토론자의 발언 시간은 3분입니다. 시간에 대한 자세한 안내는 사회자가 해주겠습니다. 토론이 끝난 뒤 우수한 연사와 질문자에 대한 개인 시상도 있습니다. 최선을 다해주시기 바랍니다. 사회자 : 그럼, 지금부터 찬성 팀의 주장을 듣겠습니다. 발언 시간은 3분이며, 2분 30초에 예비 신호를 보내고 3분이 지나면 또 신호하겠습니다. 시간을 잘 활용하는 것도 심사에 들어간다는 것을 기억해주시기 바랍니다.	30분	
	주장 발표하기	사회자 : 그럼 발표해주십시오. 찬성 팀 : 저는 이 안건에 대해 찬성합니다. 왜냐하면…… 사회자 : 예, 잘 들었습니다. 이제 반대 팀에서 찬성 팀의 주장에 대해 질문할 내용을 의논해주십시오. 의논할 시간은 1분 쓰실 수 있습니다. 소곤소곤 토의해주시기 바랍니다. - 1차 작전 시간 -		자기 팀의 주장을 큰 소리로 분명하게 말할 수 있도록 한다. 소곤소곤 토의할 수 있게 한다.
	질문과 답변	사회자 : 이제 반대 팀의 질문을 시작해주십시오. 찬성 팀에서는 질문에 대한 답변을 성실하게 해주시기 바랍니다. 시간이 필요하십니까?		

단계	학습 요항	교수-학습 활동	시간	자료 및 유의점
전개		- 2차 작전 시간 - **사회자**: 서로 질문과 대답을 아주 잘하였습니다. 다음은 반대 팀의 주장을 듣도록 하겠습니다. **반대 팀**: 저는 이 안건에 대해 반대합니다. 왜냐하면……. **사회자**: 예. 잘 들었습니다. 대단합니다. 그럼, 찬성 팀에서 질문하도록 하겠습니다. 시간이 필요하십니까? (예. 작전 시간은 1분 쓰실 수 있습니다.) - 3차 작전 시간 - **사회자**: 이제 시간이 다 되었습니다. 찬성 팀에서 질문해주십시오. [질문] **사회자**: 반대 팀에서 답변할 시간이 필요하십니까? 시간은 1분 드리겠습니다. - 4차 작전 시간 - **사회자**: 시간이 다 되었습니다. 반대 팀에서 답변해주십시오. [답변] - 이와 같이 2회전까지 반복한 뒤 - **사회자**: 예. 아주 열띤 토론입니다. 잘 들었습니다. 끝으로 양 팀의 최종 주장을 들어보겠습니다.	30분	작전 시간 활용하는 분위기와 모습, 협동하는 자세에 대해 심사함을 강조한다.
	최종 주장 발표하기	[반대 팀 최종 주장하기] [찬성 팀 최종 주장하기]		
	질문과 답변	**사회자**: 양쪽 모두 열심히 해주셨습니다. 다음은 부심사관님들의 질문을 받도록 하겠습니다. 먼저 찬성 팀에 대한 질문을 받고 다음은 반대, 그리고 찬성, 이런 순서로 하겠습니다. 답변에는 역시 시간을 1분씩 쓸 수 있도록 하겠습니다. (3~4명 또는 그 이상의 질문과 답변)		꼭 해야 하는 과정은 아니다.

단계	학습 요항	교수-학습 활동	시간	자료 및 유의점
정리	부심사관의 판정	사회자 : 예. 아주 열띤 질문과 답변 매우 고맙습니다. 그럼, 심사 결과를 집계해주시기 바랍니다. [심사관과 부심사관의 심사 결과 집계 시간] 집계가 끝난 부심사관께서는 바로 앉아주십시오. 그럼 판정을 알아보도록 하겠습니다. 찬성 팀이 이겼다고 생각하시는 분은 일어서 주십시오. 앉으면서 큰 소리로 번호 부탁드립니다. 학 생 : 하나, 둘, 셋…. 사회자 : 예. 고맙습니다. 다음은 반대 팀이 이겼다고 생각하시는 분은 일어서 주십시오. 앉으면서 번호 부탁드립니다. 학 생 : 하나, 둘, 셋…. 사회자 : 예. 고맙습니다. 오늘 이 토론에서 부심사관의 판정에 따르면 (　　)팀이 이겼습니다. 다음은 본심사관으로부터 심사평과 결과를 듣도록 하겠습니다.		심사관이나 부심사관은 심사에 영향을 줄 수 있는 행동을 하지 않도록 주의한다.
	심사위원의 판정	[본심사관의 심사평과 결과 발표] 심사위원장이 종합하여 판정을 내림. 사회자 : 잘 들었습니다. 오늘은 (　　)팀이 이겼습니다. 심사위원들과 참가자들 모두 수고하셨습니다. 이상으로 신세대 토론을 마치겠습니다. 고맙습니다. [토론자와 질문자는 자리로 돌아가 앉고 교사의 수업 마무리]	5분	심사 기준과 원칙을 고려하여 심사하고, 심사평은 구성원 모두에게 도움이 되도록 한다.
	토론 마침	교 사 : 아주 열심히 토론에 참여했습니다. 그런데 토론에서 이겼다고 해서 그 주장이 꼭 옳은 주장이라고 할 수 있을까요? 학 생 : 아닙니다. 교 사 : 그럼 무엇이 중요한 것일까요? 학 생 : 주장을 이야기할 때 알맞은 이유를 들어 말하는 것입니다. 교 사 : 오늘 토론을 하고 난 다음 느낀 점이나 질문할 사람 있나요? 학 생 : (자유롭게 발표) 교 사 : 모두 수고하셨습니다. 오늘 토론한 것을 바탕으로 공책에 자신의 생각을 잘 정리해서 써볼까요? 아까 찬성과 반대, 어떤 입장에 있었던지는 상관없이 이제부터는 자신의 생각으로 쓰도록 합니다. 이상으로 수업을 마치겠습니다.		토론에서의 입장과 상관없이 자신의 주장을 6하 원칙에 맞추어 정리해야 함을 강조한다. (글쓰기까지 하려면 적어도 2시간은 필요함.)

이 토론 수업 지도안은 6학년 아이들이 했던 것입니다(그때는 6학년 도덕 교과서에 이 예화가 실려 있었지요). 그리고 찬성 토론자의 발언 뒤에 바로 이어서 반대 팀 질문자와 질의응답을 하고, 그 다음 반대 토론자의 발언을 듣고 다시 찬성 팀 질문자와 질의응답을 하는 형식이었습니다. 그러나 이러한 수업은 토론 수업 경험이 어느 정도 쌓여서 질문과 답변에 능숙해진 아이들에게 가능한, 조금은 어려운 방식입니다. 이 책에 나온 순서대로 다 하시고 난 다음, 맨 마지막 단계에서 한번 적용해보시기를 권합니다.

강병재, 《토론학교》 여름언덕, 2003

강태완 외, 《토론의 방법》 커뮤니케이션북스, 2001

강혜원, 《생각에도 길이 있다》 우리교육, 1993

경상북도 포항 교육청, 《독서 토론 길라잡이》 경상북도 포항 교육청 장학 자료, 2004

그루터기 토론학습연구회, 《토론, 시작부터 마무리까지》 교과교육연구회 자료집, 2003

김두식, 《헌법의 풍경》 교양인, 2004

김병원, 《생각의 충돌》 자유지성사, 2000

도로시 리즈, 《질문의 7가지 힘》 더난출판, 2002

마하트마 간디, 《마을이 세계를 구한다》 녹색평론사, 2007

문성훈, 《토론에 강한 사람이 논술도 강하다》 동녘, 2006

민병두 외, 《완벽한 학생들》 조선일보사, 2002

민영욱, 《성공하는 사람들의 토론의 법칙》 가림출판사, 2003

박우현, 《논리를 모르면 웃을 수도 없다》 책세상, 2005

서울초등토론교육연구회, 《생각 기르기》 생각시리즈 2집, 2003

서울초등토론교육연구회, 《생각 나누기》 생각시리즈 3집, 2003

쇼펜하우어, 《쇼펜하우어의 토론의 법칙》 원앤원북스, 2003

앤서니 웨스턴, 《논증의 기술》 필맥, 2004

원동연, 《DY 학습법 익히기》 DY출판, 1995

이권우, 《무엇이 변화를 일으키는가?》 '한 도서관 한 책 읽기' 자료집, 2005

이돈희, 《논쟁식 토론교육 WORKSHOP 자료집》 민족사관고, 2004

이연택, 《이연택 교수의 토론의 기술》 21세기북스, 2003

이태진, 《서울대 이태진 교수의 동경대생들에게 들려준 한국사》 태학사, 2005

정문성, 《협동학습의 이해와 실천》 교육과학사, 2002

조벽, 《조벽 교수의 명강의 노하우&노와이》 해냄, 2002

주장환, 《이솝 우화도 읽고 논리도 배우고》 태학당, 1993

줄리언 바지니, 《유쾌한 딜레마 여행》 한겨레출판, 2007

최훈, 《논리는 나의 힘》 세종서적, 2003

탁석산, 《토론은 기 싸움이다》 김영사, 2006

포항제철지곡초등학교, 《학교 토론문화 운영보고서: 토론교육을 통한 합리적 의사결정 능력 함양》 포항교육청, 1999

폴리아, 《어떻게 문제를 풀 것인가?》 교우사, 2002